MARCO POLO

Niederländische Küste

Reisen mit Insider Tipps

Diesen Führer schrieb Siggi Weidemann. Die Aktualisierung übernahm Elsbeth Gugger. Sie ist Korrespondentin des Schweizer Radios DRS und lebt seit 1992 in Amsterdam.

marcopolo.de

Die aktuellsten Insider-Tipps finden Sie unter www.marcopolo.de, siehe auch Seite 100

MAIRS GEOGRAPHISCHER VERLAG

SYMBOLE

Insider Tipp **MARCO POLO INSIDER-TIPPS:**
Von unseren Autoren für Sie entdeckt

★ **MARCO POLO HIGHLIGHTS:**
Alles, was Sie an der Niederländischen Küste kennen sollten

HIER HABEN SIE EINE SCHÖNE AUSSICHT

WO SIE JUNGE LEUTE TREFFEN

PREISKATEGORIEN

Hotels	
€€€	über 120 Euro
€€	70–120 Euro
€	unter 70 Euro

Die Preise gelten für zwei Personen im Doppelzimmer mit Frühstück pro Nacht.

Restaurants	
€€€	über 25 Euro
€€	15–25 Euro
€	unter 15 Euro

Die Preise beziehen sich auf ein dreigängiges Menü für eine Person ohne Getränk.

KARTEN

[112 A1] Seitenzahlen und Koordinaten für den Reiseatlas Niederländische Küste

[U A1] Koordinaten für die Den-Haag-Karte im hinteren Umschlag

[O] Objekte außerhalb des Kartenausschnitts Den Haag

Zu Ihrer Orientierung sind auch die Orte mit Koordinaten versehen, die nicht im Reiseatlas eingetragen sind.

GUT ZU WISSEN

Nationalpark Wattenmeer **16** · Niederländische Spezialitäten **20**
Feste, Events und mehr **24** · Musizierender Sand **33** · Gaibollen **37**
Alles Käse! **57**

INHALT

Die wichtigsten Marco Polo Highlights

Sehenswürdigkeiten, Orte und Erlebnisse, die Sie nicht verpassen sollten

1 Koninginnedag
Das Volksfest zu Ehren der Königin hat es in sich: Freimarkt, in Strömen fließendes Bier und phantasievolle Darbietungen (Seite 24)

2 Skûtjesilen
Knotendynamik mit den traditionellen braunen Segeln gibt's nur noch in Friesland, immer im Juli (Seite 25)

3 Klosterkomplex Middelburg
Wo einst Mönche beteten, wird heute regiert (Seite 29)

4 Dienstagsmarkt in Goes
Früher, als viele Frauen zum Einkauf ihre Tracht anzogen, war der Markt zwar bunter, an Atmosphäre hat er aber nicht verloren (Seite 31)

5 Borssele
Als Vitamin-C-Schlaraffenland gilt das architektonisch interessante Dorf – die Hochburg der schwarzen Johannisbeeren (Seite 34)

6 Fayencestadt Delft
In Vermeers Geburtsstadt können Sie den Fayencemalern bei der Arbeit über die Schulter schauen (Seite 43)

7 Universitätsstadt Leiden
In der Stadt mit ihrer schönen Gracht studierten auch Königin Beatrix und Kronprinz Willem Alexander (Seite 44)

Modern: Hafen von Rotterdam

Begehrt: Delfter Fayencen

8 Space Expo
In Noordwijk kann jedermann den Astronauten in sich entdecken (Seite 46)

9 Hafen von Rotterdam
Die Container werden im größten Hafen der Welt wie Streichholzschachteln gestapelt (Seite 46)

10 Mühlen von Schiedam
In der traditionellen Geneverstadt stehen noch heute Mühlen, von denen eine als Getreidemühlenmuseum dient (Seite 49)

11 Seebad Bergen
Ein Familienseebad und ehemalige Künstlerkolonie mit hübschen Landhäusern aus der Zeit um 1900 (Seite 53)

12 Schokland
Das ehemalige Eiland mit Warftkirche gehört zum Unesco-Weltkulturerbe (Seite 58)

13 Altstadt von Haarlem
Der Heimatort von Maler Frans Hals lädt mit seinem pittoresken Charme zum Bummeln ein (Seite 60)

Erholsam: die Watteninseln

14 Freilichtmuseum Zaanse Schans
In den Holzhäusern des Freilichtmuseums befindet sich u. a. der erste Laden der größten Supermarktkette des Landes (Seite 61)

15 Inselhüpfen
Im Sommer verkehren Fähren zwischen den Watteninseln. Nichts für Seekranke! (Seite 67)

★ *Die Highlights sind in der Karte auf dem hinteren Umschlag eingetragen*

Entdecken Sie die Niederländische Küste!

Weite Sandstrände, Kultur in alten Städten, die durch Deiche gezähmte Nordsee – die 260 km lange Küste versteht ihre Besucher zu begeistern

Holland – Waterland. Die Niederländer, deren Erbfeind seit jeher das raue Meer ist, haben stets geglaubt, die Überlebenden der Arche Noah zu sein. Gott, davon waren sie überzeugt, habe sie auserkoren, aus Wasser Land zu machen, Land, das im Schöpfungsplan nicht vorgesehen war. Und so entstanden die Konstruktionen, die diesen Plan Wirklichkeit werden ließen: Mühlen, die das Land trocken halten, Deiche, die das trockengelegte Land vor den Wassermassen schützen, und Polder, auf denen das Vieh grast. Der Abschlussdeich, der die stürmische Nordseebucht Zuiderzee in den Binnensee IJsselmeer verwandelte, war der »Schlussstein« der großen Landgewinnungsaktion. Im Westen, im Bereich des Rhein-Maas-Deltas, wurde schließlich das größte Schutzwehr der Welt, die Deltawerke, errichtet, um Rotterdam und das Hinterland vor den Fluten der Nordsee zu schützen.

An der Küste ist das Fahrrad oft Verkehrsmittel Nummer eins

Wassersport wird groß geschrieben

Ein gutes Drittel der Bewohner lebt in Regionen, die unterhalb des Meeresspiegels liegen. Nasse Füße bekommen sie aber nicht, weil 20000 Pumpen das Land trocken halten. In ihrer heutigen Gestalt – nach den Eindeichungen – sind die Niederlande noch keine 100 Jahre alt. Auch weitere Veränderungen sind kaum zu vermeiden: Das Ansteigen des Meeresspiegels durch die Erwärmung der Erdatmosphäre wird in naher Zukunft noch mehr bauliche Schutzmaßnahmen erfordern.

See und Wind bestimmen das Klima, calvinistische Sittenstrenge und Katholizismus prägen den Umgangsstil im Land von Rembrandt

Geschichtstabelle

Vorgeschichte Keltische Belgen und Bataver besiedeln das Gebiet

ca. 50 v. Chr. Römer erobern Teile der Küste

400 Ende der römischen Herrschaft

10.–14. Jh. Die Niederlande fallen erst dem karolingischen, dann dem Deutschen Reich, später Burgund und Habsburg zu

ca. 1520 Kaiser Karl V. wird Herrscher über die Niederlande

1568–1648 80-jähriger Freiheitskampf gegen Spanien. Anführer des Aufstandes ist Wilhelm I. von Nassau (Willem van Oranje)

1570 Allerheiligenflut. Viele Tote in Friesland und Scheveningen

1579 Gründung der Utrechter Union, Trennung der nördlichen und der südlichen Niederlande mit anschließender Unabhängigkeitserklärung der nördlichen Provinzen (1581); Beginn des »Goldenen Zeitalters« (bis ca. 1670)

1584 Ermordung Willems van Oranje

1602 Gründung der »Verenigde Oostindische Compagnie« (VOC)

Seit 1814 Königreich der Niederlande. 1830 Aufstand und Abfall Belgiens

1848–52 Holland wird konstitutionelle Monarchie. Trockenlegung des Haarlemer Meeres, bis dahin größte Landgewinnung der Welt

1862 Gesetz zur Aufhebung der Sklaverei in Westindien

1932 Vollendung des Abschlussdamms: Die ehemalige Zuiderzee wird zum Süßwassersee IJsselmeer

1940–45 Zweiter Weltkrieg. Das Land wird von Deutschland besetzt

1946 Inthronisierung von Königin Juliana. Krieg in der Kolonie Niederländisch-Indië, dem heutigen Indonesien

1953 Das »Deltaprojekt« zur Absicherung der Küste wird beschlossen

1995 Hochwasser bedroht im Januar die Mitte des Landes. 250 000 Menschen müssen evakuiert werden

1997 Einweihung des 300 m langen Sturmflutwehrs bei Rotterdam

1998/99 Mehrjahresplan zum Erhalt der Strände. Sandaufspülungen an vielen Küstenorten

2000 20-jähriges Thronjubiläum von Königin Beatrix

2002 Kronprinz Willem heiratet die Argentinierin Máxima Zorreguieta

Besonders romantisch wirkt die Seebrücke von Scheveningen am Abend

und Vermeer, von Käse und Tomaten, von alten Dörfern und modernen Wohnsiedlungen. Es gibt eine Vielfalt an Kulturen und Lebensanschauungen, an ethnischen Gruppen und Nationen in diesem Land, in dem Toleranz und Demokratie groß geschrieben werden.

Rund 3 Mio. Deutsche reisen jährlich in die Niederlande, um hier, zumeist an der Küste, ihren Urlaub zu verbringen. Ob es nun das sonnige Zeeland ist, die Gegend rund ums IJsselmeer mit hübschen Orten wie Edam oder Hoorn, Segeln in Friesland, Badeorte wie Cadzand, Bergen und Egmond aan Zee, Domburg, Renesse, Scheveningen, Noordwijk, Katwijk oder eine der fünf Westfriesischen Inseln: Jedes Ziel hat seinen besonderen Reiz. Und ob man nun zum Sporttreiben an die Küste fährt, zum Entspannen oder nur des Seeklimas wegen – es gibt viele Gründe, den lockenden Rufen der Möwen zu folgen.

» Jedes Ziel hat seinen Reiz «

Hätten die ersten Morastbewohner auf dem Gebiet der heutigen Niederlande, die Bataven, die Natur so belassen, wie sie sie antrafen, wäre keine Nation entstanden. Sie und ihre Nachkommen verwandelten Stück um Stück Sumpf in Kulturland. In der alten Seerepublik Holland hat der gottgefällige Glaube keine Berge versetzt, wohl aber mächtige Erd- und Wassermassen. Hier haben nicht Nächstenliebe oder Frömmigkeit zur Tugend der Toleranz geführt, sondern die pure Notwendigkeit zu überleben: Der Kampf gegen die Elementargewalten kann erfolgreich nur in Gemeinschaftsarbeit geführt werden, und so konnte man Deiche nur bauen, wenn man zusammenhielt. In den niederländischen Geschichtsbüchern kann man von mehr als 20 nationalen Überschwemmungen lesen: von der großen St.-Elisabeth-Flut 1421, bei der das damals schon wohlhabende Dordrecht überschwemmt und vom Festland abgeschnitten wurde, bis zu den »Beinahe«-Deichüberflutungen im Januar 1995, bei denen 250 000 Einwohner evakuiert werden mussten. Für Probleme sorgen aber nicht nur Sturmfluten, sondern auch die Erosion. Bis 1990 verloren die Küstenorte jährlich etwa 20 ha Dünengebiet ans Meer. Seither werden die Strände mit Sand aufgefüllt.

Die Niederländer haben aber auch, obwohl sie es nicht gerne hören, chauvinistische und nationalistische Züge. *Oranjegevoel* nennt man dieses »Wir«-Gefühl, das sich vor allem beim Sport – man denke an die orange gekleideten Fußballfans während der Europa- und Weltmeisterschaften – und in der Politik zeigt. Allerdings wehren sie sich dagegen, Klischees zu bedienen: Die »Käsefrau Antje« aus der deutschen Werbung ist ihnen so fremd wie den Deutschen Königin Beatrix.

> **»*Königin Beatrix besitzt noch immer Einfluss*«**

Beatrix verkörpert die Monarchie, und wie sie das tut, ist eine kommunikative Erfolgsstory: Intelligenz, Prestige, sparsamer Umgang mit dem Reichtum, eine eindeutige Moral in den Reden und eine perfekt dosierte Öffentlichkeitsarbeit haben das Königshaus unantastbar gemacht. Die Königin ist eine Frau, die in der internationalen Gemeinschaft Respekt genießt, und sie ist eine Autorität, die unter ihren Landsleuten noch immer Einfluss besitzt. Aber auch der Calvinismus, der mit seiner missverstandenen Vorbestimmungslehre das Klassensystem in die Gesellschaft einführte, hat im sozialen Leben immer noch eine gewisse Bedeutung. Nur dank Calvin war es den Niederländern möglich, in der Vergangenheit eine große Kolonialmacht zu werden, Sklavenhandel zu betreiben und dadurch zu Reichtum zu gelangen.

Seine ganz große Zeit erlebte das Land im 17. Jh., als Niederländisch eine Weltsprache war. Die Bürger des »Goldenen Zeitalters« haben den folgenden Generationen Rationalität, Toleranz, demokratische Sinnesart und Selbstbewusstsein hinterlassen. Die großartige Malerei jener Zeit – von Rembrandt bis Vermeer – war Teil der Herausbildung des nationalen Charakters der Niederländer. Hansestädte wie Zwolle oder Deventer, Handelsstädte wie Middelburg oder Hoorn, vor allem aber die Sumpfblüte Amsterdam sind Zeugen jener reichen Vergangenheit.

Vor dem Hintergrund, einst ein Weltreich beherrscht zu haben und heute ein Kleinstaat innerhalb der Europäischen Union zu sein, verbindet das Königreich der Niederlande Weite und Enge, Offenheit und Spießbürgerlichkeit, Strenge und Heiterkeit. Nicht nur die Gemeinschaftsaufgaben bei der Sicherung des Landes gegen das Meer, auch die hohe Bevölkerungsdichte und der hohe Lebensstandard ließen die Niederländer eine Toleranz entwickeln, die als sprichwörtlich gilt. Selbstgenügsamkeit zeichnet sie aus sowie die

Fähigkeit, das Chaos des Alltags bestens zu organisieren – mit Geduld und Ausdauer; Tugenden, die sicher auch von den Frauen an der Küste vererbt wurden, die ihre Familien oft monatelang selbst versorgen mussten, wenn ihre Männer auf See waren.

Was die Niederländische Küste so einzigartig macht, sind ihre Kontraste. Auf der einen Seite die Weite der Strände und des Wattenmeers sowie die feinsandigen Dünen, auf der anderen die historischen Orte wie Dordrecht, Leiden oder Haarlem, allesamt bedeutende Handelsstädte im 17. Jh. Faszinierend auch der kulturelle Gegensatz zwischen dem calvinistischen Norden und dem katholischen Süden, dessen Trennlinie die *grote rivieren*, die Flüsse Maas, Rhein und Lek sind. Radwege durchziehen Inseln und Dünen, und wer sein eigenes *fiets*, so heißen hier Räder, nicht mitbringen will, kann sich in jedem Ort eines mieten.

»Die Toleranz der Niederländer ist sprichwörtlich«

Frühjahr, Herbst, der Winter oder ein verhangener Sommertag eignen sich am besten für einen Besuch der altholländischen Städte. Die Saison für den Wassertourismus beginnt Himmelfahrt und endet erst im Herbst, der übrigens auch die beste Zeit für Radfahrer ist. Immer mehr Gäste entscheiden sich für einen Aktivurlaub: Radeln, Wandern, Bootstouren, Segeln und Tauchen stehen hoch im Kurs. Die Kombination von Strand- und Kulturlaub macht den besonderen Reiz aus, Ferien an der Küste zu verleben. Und wenn man genug gesehen hat, legt man sich ins Gras und schaut den weißen Wolken nach.

Sehen und gesehen werden heißt die Devise in Rotterdams Cafés

Von Architektur bis Windmühlen

Deiche und Dünen, Käse und Königshaus: Leitfaden durch ein eigenwilliges Land

Architektur
Historische küstennahe Städte wie Haarlem, Hoorn, Harlingen, Enkhuizen, Middelburg oder Zierikzee werden bis heute durch ihre geschlossenen altholländischen Zentren geprägt, in denen die Gebäude mit ihren Giebeln (Treppen-, Hals-, Schnabel- oder Leistengiebel) herausragende Schmuckelemente sind. Die bekanntesten Bauwerke der Brabanter Gotik, deren Hauptmerkmal die unvergleichlich üppige Ornamentik ist, sind St. Jans in 's-Hertogenbosch, die Grote Kerk in Breda und Onze Lieve Vrouwekerk in Dordrecht sowie St. Bavo in Haarlem. Gotische Rathäuser mit reich verzierten Giebeln gibt es beispielsweise in Middelburg und Delft. Rund 56 000 Bauwerke im ganzen Land stehen unter Denkmalschutz.

Coffeeshops
Die Niederlande sind das einzige Land Europas, in dem es so genannte Coffeeshops gibt, Cafés, in denen weiche Drogen wie Haschisch und Marihuana gekauft bzw. konsumiert werden dürfen. Der Besitz ist zwar nicht legal, aber die Verfolgung dieses Delikts hat eine sehr niedrige Priorität. Wer nicht mehr als 30 g bei sich trägt, bekommt keine Probleme mit der Polizei. Auch der Eigenanbau von Hanf wird toleriert – allerdings dürfen es nicht mehr als fünf Pflanzen sein.

Die Niederlande besitzen noch 980 denkmalgeschützte Windmühlen – hier die von Kinderdijk

Deiche
Römer waren es, die die ersten Deiche entlang der Flüsse anlegten. Erst um das Jahr 1000 begannen die Holländer mit dem Bau von Deichen an der Küste und machten damit eine dauerhafte Besiedlung des Landes möglich. Auf so genannten Warften, aufgeschütteten Hügeln, wurden Bauernhöfe und Kirchen errichtet. Die Sorge für den Unterhalt der Deiche lag beim Deichgrafen. Um Inseln und Strände, etwa bei Scheveningen, auf Texel oder in Nordholland, vor einer Abtragung durch die Fluten zu bewahren, werden aufwändige Sandaufspülungen vorgenommen. Auch die Flüsse sind mit Deichen versehen, die allerdings nicht halten: 1995 mussten wegen Überflutung von Maas und Rhein 250 000 Menschen evakuiert werden.

Überall an der Küste werden die Dünen mit Gräsern befestigt

Deltawerke und Oosterschelde
Rund 5,5 Mrd. Euro wurden für das so genannte Deltaprojekt zum Schutz des Hinterlandes in Zeeland ausgegeben – das wohl kostspieligste Wasserbauprojekt der Welt. Das Sturmflutwehr besteht aus 65 Pfeilern, jeder von ihnen 40 m hoch. Bei normalem Wasserstand hat das Meerwasser freien Zugang in die Mündungsarme der Flüsse, nur in Sturmflutzeiten werden die Tore geschlossen. Im Mündungsarm der Oosterschelde konnte sich ein einzigartiges Ökosystem entwickeln: Über 60 Fischarten sowie Krebse, Muscheln, Seeanemonen und Tintenfische sind hier heimisch. Die Oosterschelde ist auch ein beliebtes Überwinterungsquartier von Vögeln. Ihre Artenvielfalt und hohe Population ist bemerkenswert. Auch die Seehunde fühlen sich wohl. An warmen Sommertagen werden mittlerweile wieder bis zu 60 Tiere gezählt.

Dünen
Dünen prägen das Gesicht aller niederländischen Inseln und der Küste von Den Helder bis nach Belgien. Das Dünensystem entstand etwa im 12. Jh. Bis heute ist nicht sicher, was den plötzlichen Sandzuwachs verursachte. Man vermutet, dass das Abschlagen der Wälder im Innenland dazu beitrug. Dabei wurde eine Menge Sand freigesetzt, der sich mit den Ablagerungen, die die Flüsse Rhein und Maas seit Jahrhunderten an die Küste getragen hatten, vermischte. Dünen werden im Laufe der Zeit von Gräsern überwuchert. Wird die Pflanzendecke zerstört, trägt der Wind sie ab, und das Wasser hat freien Zulauf. Der Schutz der Dünen gehört daher zu den vordringlichen Aufgaben der niederländischen Behörden.

Ebbe und Flut
Die Gezeiten, Tiden genannt, bestimmen den Lebensrhythmus an der Küste. Die Anziehungskraft des Mondes und die Fliehkraft der Erde sind die Ursache für die Gezeiten. An der Küste der Niederlande ist der Unterschied zwischen Ebbe und Flut, der Tidehub, aufgrund der relativen Tiefe, aber geringen Ausdehnung der Nordsee nicht sehr groß. Zweimal pro Tag läuft

das Wasser ab (Ebbe) und wieder auf (Flut). Die Tiden verlaufen parallel zum Mondaufgang, die Dauer einer Tide *(getij)* beträgt 6 Stunden und 13 Minuten. Besonders bei Wanderungen im Wattenmeer muss auf die Gezeiten geachtet werden. Informationen zu den Ebbe- und Flutzeiten: *www.getij.nl*

Königshaus Oranien-Nassau
Stammvater des Königshauses Oranien-Nassau ist Wilhelm I. von Nassau, der 1533 im hessischen Dillenburg geboren wurde. Er war unter Karl V. Statthalter von Holland, Zeeland und Utrecht. Im Zuge der Auflehnung des Adels gegen die radikale katholische Machtpolitik Philipps II. von Spanien (Sohn Karls V.) setzte sich Willem von Oranje an die Spitze der Aufständischen. Er wurde 1584 ermordet. Der Freiheitskampf gegen Spanien endete erst mit dem Westfälischen Frieden 1648. Die Oranier blieben weiterhin Statthalter des Landes.

Erster König der Vereinigten Niederlande wurde schließlich König Willem I. (regierte 1813–1840). Die heutige Königinmutter Juliana regierte bis 1980. Seitdem ist Beatrix Königin der Niederlande. 1966 heiratete sie den deutschen Diplomaten Claus von Amsberg. Der älteste ihrer drei Söhne, Prinz Willem Alexander, hat im Februar 2002 die Argentinierin Máxima Zorreguieta geheiratet.

Kolonialmacht
Ebenso wie andere Kolonialmächte kamen die Niederlande durch Ausbeutung und Sklaverei zu Reichtum. Um die zerrütteten Staatsfinanzen im 19. Jh. zu sanieren, führte man für die Kolonie Nederlands-Indië (heutiges Indonesien) das so genannte *cultuur stelsel* ein, ein Zwangsanbausystem für Kaffee, Tee, Tabak, Zimt und Indigo, dessen Ertrag zwischen 1830 und 1870 ca. 375 Mio. Euro betrug. Mit diesem »Blutgeld« bauten die Niederländer Deiche sowie Schulen, senkten Steuern und begannen mit dem zügigen Ausbau der Infrastruktur – Straßen und Eisenbahnlinien – ihres Landes. Erst 1862, 30 Jahre nachdem England die Sklaverei abgeschafft hatte, entschlossen sich auch die Niederlande zu diesem Schritt. Nach dem Zweiten Weltkrieg führten sie noch zwei Kriege in Indonesien, um die Unabhängigkeit des Landes zu verhindern. Der Freiheitskampf gegen die Kolonialmacht (1945–1949) kostete rund 200 000 Indonesier das Leben.

Literatur
Harry Mulisch, Adriaan van Dis, Magriet de Moor, Cees Nooteboom, Adri van der Heijden und der Krimiautor Jan Willem van de Wetering sind die wohl bekanntesten Vertreter der niederländischen Gegenwartsliteratur. Mulischs Bücher über Krieg und Besatzung (etwa »Das Attentat«, 1982) gehören im niederländischen Sprachraum längst zu den Klassikern. Sein Roman »Die Entdeckung des Himmels« (1992) wurde auch im deutschsprachigen Raum ein Erfolg. An literarischer Vitalität übertrifft der wohl bedeutendste Schriftsteller, Hugo Claus aus Gent, seine nordholländischen Kollegen; auch er hat in seinem Roman »Der Kummer von Flandern« die Hand auf Wunden gelegt, die der aufgezwungene Krieg geschlagen hat.

Malerei

Der Höhepunkt der niederländischen Malerei liegt im 17. Jh. Die damaligen führenden Vertreter waren im katholischen Süden Peter Paul Rubens (1577–1640) und im Norden Rembrandt (1609–1669). Weitere berühmte Meistermaler waren Jacob von Ruisdael (1628–1682), Frans Hals (1580–1666), Jan Vermeer van Delft (1632–1675), Jan Steen (1629–1679) und der Marinemaler Van der Velde. Im 19. Jh. machten Jozef Israëls (1824–1911) und Johan B. Jongkind (1819–1891) von sich reden. Vincent van Gogh (1853–1890) wurde erst nach seinem Tod berühmt. Zu den Malern der Moderne gehört Piet Mondrian (1872–1944), der Mitbegründer der De-Stijl-Gruppe ist, die die Architektur und das Design beeinflusst hat.

Nationalparks und Naturschutzgebiete

Zahlreiche Dünengebiete entlang der Küste sind oft abgezäunte Naturschutzgebiete und können nur mit einer Eintrittskarte betreten oder mit dem Rad befahren werden. Bei den Nationalparks handelt es sich um große, zusammenhängende Flächen von mindestens 1000 ha. Zu den sechs Nationalparks gehören u. a. Schiermonnikoog, Kennemer Duinen, das Biesbosch bei Dordrecht und das Wattenmeer. Auf allen Inseln befinden sich auch größere Naturschutzgebiete, etwa Het Oerd im Osten Amelands, wo man auf über 50 Vogelarten trifft, das Sandgebiet Vliehors auf Vlieland oder – ebenfalls Rückzugsort für Vögel – De Muy auf Texel.

Polder

Polder, eingedeichtes Grünland, gibt's auf allen Inseln und hinter der Küste. Polderwiesen gelten als gute Viehweiden. Es waren Zisterziensermönche, die im 13. Jh. mit der Einpolderung von Land in Friesland und Zeeland begannen. Erst mit

Nationalpark Wattenmeer

Tummelplatz für Wasser- und Zugvögel, Seehunde und Fische

Das Wattenmeer liegt zwischen dem Festland und den vorgelagerten Inseln. Das Gebiet ist zwischen 7 und 20 km breit und 450 km lang. Es erstreckt sich von der niederländischen Insel Texel bis zur dänischen Nordseestadt Esbjerg. Zweimal täglich wird das Gebiet überflutet, und mit dem Nordseewasser werden große Mengen winziger Lebewesen aufgespült, die als Nahrung für alle Wattbewohner wie Muscheln, Würmer und Krebse dienen. Weite Teile des Gebiets stehen unter Naturschutz. Im niederländischen Wattenmeer leben ständig mehr als 500 000 Vögel, im Herbst sollen es bis zu 4 Mio. sein, die auf ihrem Flug nach Afrika hier eine Ruhe- und Fütterungspause einlegen. Die Sandbänke sind die Kinderstube junger Seehunde.

dem Einsatz von Windmühlen im 15. Jh., die das tief liegende Land leer pumpen konnten, wurde das Einpoldern effektiv. Ein besonders großer Polder entstand am südlichen IJsselmeer: der große Flevoland-Polder.

Sprache

Amts- und Umgangssprache ist Niederländisch. In Europa wird es von 21 Mio. Menschen gesprochen, von den Niederländern und den 6 Mio. Flamen in Belgien (Flämisch). An rund 250 Universitäten und Instituten kann Niederländisch studiert werden. Friesisch ist in Fryslân (Friesland) als Minderheitensprache anerkannt und wird an den dortigen Schulen gelehrt.

VOC und WIC

In Middelburg oder Hoorn, in Delft oder Haarlem – überall an der Niederländischen Küste wird man auf Bauwerke und Spuren der Vereinigten Ostindischen Kompanie treffen. 1602 wurde die »Verenigde Oostindische Compagnie« (VOC) in Amsterdam gegründet. Sie hatte die alleinige Erlaubnis, in der östlichen Hemisphäre einen Wirtschaftskrieg gegen Portugal und Spanien zu führen, sowie das Recht, eine Kriegsflotte und ein Heer zu unterhalten. Sie durfte eigene Münzen prägen und Verträge abschließen. Die VOC wurde von den »Heeren XVII«, dem Direktorium, streng geführt. Als die VOC am 31. Dezember 1799 formell aufgelöst wurde, stand ihr Name für »Vergaan Onder Corruptie«, also »untergegangen an Korruption«. Zwischen 1602 und 1799 fuhren insgesamt 622 000 Personen auf 4510 VOC-Schiffen nach Asien. Die Schwestergesellschaft, die »Westindische Compagnie« (WIC), trieb Handel mit Afrika und Amerika, war führend im Sklavenhandel und gründete Neu-Amsterdam, das heutige New York.

Plausch beim Einkauf mit Fahrrad

Windmühlen

Die allgegenwärtigen Mühlen wurden mit der Einpolderung von Land seit dem 15. Jh. wirtschaftlich eingesetzt. Von den ausgeklügelten Windmaschinen existieren noch etwa 980. Sie sind denkmalgeschützt. Die schönsten Ansammlungen sieht man in Kinderdijk, in Zaandam und in Schermer bei Alkmaar. Mit einer Flügelspannweite von 28 m treiben Windmühlen eine Schraubwinde an, die das Wasser aus Gräben in höher gelegene Kanäle hebt. Außer Poldermühlen gab es Getreide-, Öl- und Tabakmühlen.

Land der Sauce hollandaise

Zu den bekanntesten Produkten gehören Käse, Tomaten, Aal, Lammfleisch, Muscheln und natürlich der Hering

Nieuwe maatjes und die indonesische *rijsttafel*, ein mehrgängiges Reisgericht, sind für Besucher die Eckpfeiler der niederländischen Küche. Eine merkwürdige Kombination, mag mancher denken, doch für die Nation der Seefahrer und Kaufleute ist sie typisch.

Der junge Matjes, ein noch nicht geschlechtsreifer Hering, muss silbern glänzen, »seejung« duften und darf am Grat nicht dunkelrot angelaufen sein. Darüber hinaus muss er fett und *lekker mals* (saftig) sein. Er wird nach dem Fang an Bord gekehlt (geköpft), so wie es sich seit dem 14. Jh. in den Niederlanden gehört, und roh verspeist. Jungen Hering gibt es nur in den Monaten Mai und Juni. Was in der übrigen Zeit als junger Hering verkauft wird, kommt meist aus der Tiefkühltruhe.

An der Küste stehen natürlich Fisch, Krabben, Muscheln und Austern auf vielen Speisekarten. Zwar schwankt das Urteil zwischen »exzentrisch«, »einfach«, »köstlich« und »viel zu fett«, doch in einem sind sich alle Besucher einig: Wer an die Niederländische Küste oder auf die Inseln fährt, verlangt nach frischem Fisch. Wer Appetit auf eine Fischdelikatesse wie Seezunge oder Steinbutt hat, kommt freilich nicht gerade preisgünstig weg. Fischkutter, die Fisch anlanden, gibt es nur noch wenige, etwa auf Texel, in Scheveningen oder Zeeland. Als Alternative bieten sich Fischbuden an, die eine Auswahl an Meerestieren bereithalten. Besonders an den Stränden, an denen Urlauber ihre Sonnenschirme und Windschutzmuscheln aufgebaut haben, findet man oft vom Trecker gezogene Fischläden. Hier bekommt man Frittiertes: Fischstäbchen, Muscheln, *lekkerbek* (ein in heißem Öl gebackenes Kabeljaufilet) mit vielen bunten Saucen.

Die gemütlichen Restaurants an der Küste bieten Frisches aus dem Meer

In den Strandpavillons gibt es Tellergerichte, die in erster Linie sättigend sind. Bekannt ist das *Duitse biefstuk*, eine Frikadelle. Oft werden auch Eintöpfe angeboten, etwa *hutspot* oder *erwtensoep*, Erbsensuppe. Eine Besonderheit sind die *borrel hapjes*, Häppchen, die man zwischendurch oder zum Aperitif isst: die frittierten *bitterballen* (Fleisch-Kartoffel-Gemisch) und *bamiballen* (in heißem Öl ausgebackener Nudelteig), *poffertjes*, Pom-

Niederländische Spezialitäten

Lassen Sie sich diese Köstlichkeiten gut schmecken!

Speisen

appelgebak met slagroom – Apfelkuchen mit Sahne

bamiballen/bitterballen – gefüllte, frittierte Kroketten

bolus – Kekse aus Brotteig, mit Zimt und Zucker übergossen; zeeländische Spezialität

boerenkool met worst – Eintopfgericht mit Grünkohl und Kartoffeln; wird mit Wurst serviert

broodje halfom – Brötchen mit Leber und Pökelfleisch

broodje makreel – Brötchen mit Makrelenfilets

broodje paling – Brötchen mit Aal und Zwiebeln

drop – Lakritzbonbons süß oder salzig – mit Honig oder Salmiak

garnalenkroket – in heißem Öl gebackenes Kartoffel-Crevetten-Gemisch

gevulde koek – große, runde, mit Marzipan gefüllte Biskuits

hagelslag – Schokostreusel, die sich Kinder (zum Frühstück) aufs Butterbrot streuen

hutspot – Eintopf mit Rindfleisch, Möhren und Kartoffeln

kibbeling – frittierte Stücke Kabeljau

krentenbol – Rosinenbrötchen

ontbijtkoek – Honigkuchen mit Koriander oder Ingwer

ossenworst – Rindfleischwurst (ursprünglich jüdische Spezialität)

pannenkoeken – Pfannkuchen

patat oorlog – Portion Pommes mit Erdnussbuttersauce

uitsmijter – Katerfrühstück mit Speck, Eiern und Brot

vlammetjes – Mini-Frühlingsrollen in heißem Öl gebacken

zeeuwse babbelaars – Kekse aus Zimt, Kakao oder Essig

zeeuwse hachee – Muschelpfanne mit Senf

zure bom – in Essig eingelegte Salzgurke

Getränke

beerenburger – Kräuterschnaps

genever – Wacholderschnaps

kees boontje – Schnaps von der Insel Texel

koffie verkeerd – Kaffee mit viel Milch

mes frites sowie belegte Brötchen. Spitzenreiter sind warme Kroketten, die man an den Imbissstuben aus dem Automaten an der Wand zieht. »Aus der Mauer essen« nennt man das.

Käse spielt eine nicht unwesentliche Rolle auf dem täglichen Speiseplan. Das Produkt, das die Bauern schon seit Jahrhunderten herstellen, fehlt weder mittags zwischen den Brotscheiben noch abends als Snack beim Aperitif. Für letzteren wird der Käse in etwa 2 cm große Würfel geschnitten und vor dem Verzehr in scharfen Senf getunkt. Früher gab es vor allem Süßmilchkäsesorten wie den Edamer, inzwischen wurde das Sortiment erweitert. Mehr als die Hälfte der Jahresproduktion von 600 000 t ist für den Export bestimmt.

Kulinarisch gesehen haben sich die Niederlande in den letzten Jahren von der Wüste zur Steppe entwickelt, es grünt hier und da, und an manchen Stellen blüht es sogar. Die traditionelle niederländische Hausmannskost ist sehr nahrhaft: Kartoffeln, Fleisch oder Fisch und Gemüse bilden die Grundlage fast jeder Mahlzeit. In den gehobenen Restaurants werden diese Zutaten mit den Eigenheiten der flämischen oder französischen Küche variiert. Neuerdings wird auch wieder vermehrt auf die regionale Küche gesetzt: etwa in Zeeland, wo die Küche der bretonischen ähnelt, da sie auch auf eine Kombination der Produkte vom Land und aus dem Wasser zurückgreift. Basis der zeeländischen regionalen Küche sind Fisch, Garnelen, Muscheln, Algen, Austern, Geflügel, Lamm und Rindfleisch (die Schafe und Rinder fressen salzhaltiges Gras, ihr Fleisch ist daher von Natur aus etwas salzig). Aus schwarzen Johannisbeeren werden Fruchtwein, Marmelade und *crème de cassis de Zélande* gewonnen, aus biologischem Mehl das schmackhafte *vlegelbrood.* Eine Besonderheit sind die köstlichen Grünpflanzen aus dem Wasser: *zeesla, zeewier, zeeaster, lamsoren.*

Typisch in den Niederlanden sind die *eetcafés*, hier kann in entspannter Atmosphäre getrunken und gegessen werden. Es gibt mittlerweile mehr als 2000 *eetcafés* im Lande, und ihre Zahl steigt stetig. Im Trend liegen auch die so genannten Themarestaurants, die ganz spezielle Gaumenfreuden bieten. Gerichte aus verschiedenen Erdteilen werden miteinander kombiniert: osteuropäische mit amerikanischer, karibische mit südamerikanischer Küche.

Besondere Wertschätzung erfahren die exotischen Restaurants: An der Spitze steht chinesisch-indonesisch, auch indisch genannt. Dabei handelt es sich nicht um indische, sondern um asiatische Küche, und der Name leitet sich von der früheren holländischen Kolonie Nederlands-Indië, dem heutigen Indonesien, ab. Beliebt sind außerdem die oft preiswerten chinesischen Restaurants. Die besten sind im Club »Fine Eastern Restaurants« zusammengeschlossen.

Die Trinksitten haben sich gewandelt: Es wird immer weniger Heineken getrunken. Auch des Genevers große Zeit ist vorbei. Bevorzugt werden limburgische und belgische Biere. Hingegen hat sich der Weinkonsum in den vergangenen Jahren vervielfacht – dafür trinken die Niederländer immer weniger Milch.

per streng
per 100 gram
per 1000 gram
plantaardig geverfde
Texelse Wol
per streng
± 200 gram :

Von Kitsch bis Kunst

Man findet Nützliches wie Blumenzwiebeln, Süßes wie Drops und Schönes wie altes Silber, Wolle und Kacheln

Die Zahl der Läden, die Ausgefallenes und Besonderes verkaufen, ist relativ bescheiden, aber der Urlauber, der sucht, findet alles, was er als Souvenirs für die Daheimgebliebenen braucht. Außer Decken und Pullovern aus Texeler Lammwolle, wegen ihres hohen Fettgehalts besonders warm und daher empfehlenswert für Rheumatiker, sind kulinarische Souvenirs beliebt. Phantasievoll sind da die Namen und Begriffe für die zahllosen friesischen Schnäpse und Inselliköre. Das Angebot reicht vom *Beerenburger* (ein Kräuterbitter aus Friesland) bis hin zu *Kees Boontje* (Schnaps von der Insel Texel).

Als Mitbringsel eignet sich auch ein Glas köstlicher Marmelade oder eine Flasche Wein aus den unseren Preiselbeeren ähnlichen *cranberries*, die ursprünglich aus Amerika kommen und inzwischen auf Terschelling und Vlieland wachsen. Hervorragende Pralinen aus feiner Schokolade und ein tiefroter Dessertwein aus schwarzen Johannisbeeren, die in Zeeland auf Plantagen heranreifen, echter, mit der Hand geformter Schyler Käse von Terschelling – das sind Souvenirs, die auch Freunden zu Hause gefallen. Wer Süßes mag, kann Zuckerbrot, Drops oder Spekulatius, Möweneier oder Muscheln aus Schokolade erwerben. In jedem Ort gibt es mindestens einen Bäcker, der süße Spezialitäten der Region verkauft. Ein besonderes, köstliches Mitbringsel ist Schafskäse von der Insel Texel. Die Delikatesse in Kugelform hat ein starkes Aroma. Sie wird der großen Nachfrage wegen auch auf dem Festland imitiert – allerdings mit weniger Geschmack, wie Kenner behaupten.

Beliebtes Souvenir: die dicke, wegen ihres hohen Fettgehalts besonders wärmende Wolle von Texeler Schafen

Natürlich findet man in den Urlaubsorten auch Kunsthandwerker, die Getöpfertes, Schmuck, Aquarelle und Ölgemälde mit Insel-, Nordsee- oder Küstenmotiven verkaufen. Kein Mangel herrscht an Antiquitäten- oder auch Trödelhändlern, die alte Kacheln, Weinflaschen (teilweise aus illegalen Tauchexkursionen nach historischen Schiffswracks, die vor der Küste auf dem Meeresgrund liegen), Möbel, Schiffskarten oder Schiffsuhren, Muscheln vom Nordseestrand oder aus der Südsee anbieten. »Delfter Keramik«, die allerdings in Asien hergestellt wird, aber auch interessante Bildbände zum Thema Nordsee und Inselwelt runden das Angebot ab.

Feste, Events und mehr

Folklore, Paraden, Strandfeste und Wettkämpfe bestimmen den Festkalender

Die Küsten- und Inselorte bieten ihren Gästen während der Sommersaison ein vielfältiges Unterhaltungsprogramm. Jahrmärkte, Dorffeste, Tanzabende, Konzerte: Alle Veranstaltungen werden von den Verkehrsämtern bekannt gegeben. Großer Beliebtheit erfreuen sich die Segelregatten in Friesland sowie das Festival von Zeeland. Auch das Oerol-Festival wird seit Jahren auf Terschelling mit großer Begeisterung gefeiert. Ein Höhepunkt des Festjahres ist der 30. April: der *Koninginnedag*, an dem der Geburtstag der Königin im ganzen Land mit vielen Märkten gefeiert wird. Tatsächlich ist dies aber der Geburtstag von Königinmutter Juliana.

Sandfestival in Scheveningen

Offizielle Feiertage

1. Januar *Neujahrstag;* **März/ April** *Karfreitag, Ostermontag;* **30. April** *Koninginnedag;* **4. Mai** *Nationaler Gedenktag für die Opfer des Zweiten Weltkrieges;* **5. Mai** *Nationaler Gedenktag zur Befreiung von der deutschen Besatzung (nur alle 5 Jahre ein offizieller Feiertag);* **Mai** *Christi Himmelfahrt;* **Mai/Juni** *Pfingstmontag;* **25./26. Dezember** *Weihnachten*

Feste und lokale Veranstaltungen

Januar

Scheveningen: *Nieuwjaarsduik*. Neujahrsschwimmen in der Nordsee

März–Mitte Mai

Lisse/Keukenhof: Tollste *Blumenshow* der Niederlande. *Ab Ende März*

April

Käsemarkt in Alkmaar: Von Mitte April bis Anfang September ist der traditionelle Markt Touristenattraktion Nummer eins in der Region *(Fr 10–12.30 Uhr).*

★ *Nationalfeiertag koninginnedag:* Feuchtfröhliches Fest. *30. April*

April–September
Alkmaar: *Käsemarkt* freitags 10–12 Uhr. *April–Anf. Sept.*

Mai
Nationaler Mühlentag. Am zweiten Samstag ist Tag der offenen Mühlen im ganzen Land
Scheveningen: *Vlaggetjesdag*. Traditionelles Fischerfest zur Eröffnung der Heringssaison. *Ende Mai*

Juni
Den Haag: *Pasar Malam Basar*: beliebter indonesischer Jahrmarkt. *Mitte–Ende Juni, tgl. 12–23 Uhr*
Insider Tipp Scheveningen: *Sandskulpturen-Festival*. Phantasien aus Sand, 20 Tage lang
Insider Tipp Terschelling: *Oerol-Festival*. 10 Tage Theater und Konzerte auf der Insel. *Mitte bis Ende Juni*
Den Haag: *Parkpop*. Größtes niederländisches Gratis-Popfestival im Zuiderpark. *Mitte Juni*

Juli
Leiden: *Lakenfeste*: sonntäglicher Tuchmarkt, Kirmes und Musik. *Mitte Juli*

Juli–September
Schagen: *Westfriesischer Markt*. Folkloristischer Markt jeden Donnerstag. *Juli–Anfang Sept.*
Insider Tipp Kinderdijk: *Mühlentage*: Windmühlen sind jeden Samstag in Betrieb. *Juli–Ende Aug.*

★ *Skûtsjesilen*: Regatten zwischen friesischen Plattenbodenschiffen an 10 Orten in Friesland. *Ende Juli bis Mitte Aug.*
Gouda: *Käsemarkt*. Jeden Do 9–12 Uhr. *Anf. Juli–Ende Aug.*

August
Sneek: *Sneekweek*. Segelfest in der ersten Augustwoche
Yerseke: *Muscheltag*. Muschelessen satt und Fischerfest. *Mitte August*

September
Rotterdam: *Welthafentage*. Am ersten Wochenende wird im größten Hafen der Welt ausgiebig gefeiert
Insider Tipp *Kulturherbst Zeeland*: 125 Aufführungen in historischen Gebäuden in der ganzen Provinz. *Anfang September*
Zaanse Schans: *Zaanländer Mühlentag*: Am letzten Samstag sind die Mühlen in Betrieb

Dezember
Sinterklaas Der niederländische Nikolaus kommt am 5. Dez.

Schagen: Hier lebt die Tradition

REPLAY

Der sonnige Südwesten

Das Lieblingsziel vieler Urlauber: schäumende Wellen, feinsandige Strände und Wasser, so weit das Auge reicht

Zeeland, im Mündungsgebiet von Rhein, Maas und Schelde gelegen, zählt seiner weiten Strände und des klaren Wassers in der Oosterschelde wegen zu den beliebtesten Ferienzielen Hollands. Die Meeresprovinz, die auch durch Eindeichungen gewonnen wurde, umfasst das zeeländische Flandern *(Zeeuws Vlaanderen)* mit dem Badeort Cadzand, die Inseln bzw. Halbinseln Walcheren, Schouwen-Duiveland, Tholen, Zuid- und Noord-Beveland. Auf den Inseln Schouwen-Duiveland (bei Haamstede) und Walcheren (bei Domburg) gibt es bewaldete Dünenstriche. Der Ort Vrouwenpolder auf Walcheren ist ein noch relativ unbekanntes Ziel, während es in und um Renesse in der Sommersaison turbulent zugeht.

Die meisten Niederländer begrüßen den Bau des Oosterscheldestauwerks, denn damit konnte nicht nur die Nordsee gebändigt werden, sondern auch noch eine touristische Attraktion von Weltrang geschaffen werden. Das gesamte Flutstauwerk, die »Deltawerke« genannt, schließt mit Dämmen, Wehren, Schleusen sämtliche Meeresarme zwischen Brielle und Zierikzee ab und hat aus der ehemaligen Inselrepublik Zeeland eine Halbinsel gemacht. »Gott schuf die Welt, aber wir Holländer machten Holland«: Nirgendwo wird dieser stolze Ausspruch der Niederländer deutlicher bewiesen als in der Meeresprovinz.

Zeeland ist auch die Provinz der Freibeuter und Abenteurer, die sich nach Ende des Krieges gegen Spanien im Jahre 1648 weigerten, den Friedensvertrag von Münster zu unterzeichnen, weil sie die lukrative Piraterie nicht aufgeben wollten. Unter Druck der übrigen Provinzen wurde der Vertrag später unterschrieben. Während des 80-jährigen Krieges gegen Spanien war Zeeland ein Brückenkopf. Als die Kriegstrommeln schwiegen, waren die Niederlande ein geteiltes Land: Die nördlichen Länder – also auch Zeeland – schlossen sich zur Republik der Vereinigten Niederlande zusammen, die südlichen Länder – das heutige Flandern – kämpften weiter für die Unabhängigkeit. Die Admiralität Hollands richtete durch eine Blockade der Schelde die einst so

Familienfreundliche Strände sind der große Reiz Zeelands

blühenden, reichen Handelsstädte wie Antwerpen und Gent zu Grunde; aus dem gemeinsamen Glaubenskrieg gegen die Spanier war ein wirtschaftlicher Bruderkrieg geworden, von dem letztendlich die Niederlande profitierten. Ihre reichsten Städte waren damals das inzwischen versunkene Reimerswaal, Middelburg, Veere, Vlissingen und Zierikzee, die ihre historische Atmosphäre bis heute bewahrt haben.

An der Seekante Zeelands liegen die Badeorte Haamstede, Renesse, Valkenisse, Hanstede und Domburg mit ihren schönen Sandstränden. In Domburg, dem ältesten Seebad Hollands, gab es bereits 1834 Badekarren, und um die Jahrhundertwende war es sogar Künstlerkolonie. Die abgeriegelten Seearme, Grevelingen und Veerer Gatt, sind heute großartige Wassersportseen.

Um dem stets anspruchsvoller werdenden Gast noch mehr bieten zu können als Wasser, Dünen und Strand, sollen die Badeorte jetzt ein eigenes Gesicht erhalten. Das kulturelle Angebot wird erhöht und das Hinterland für den Urlauber erschlossen. Ein ehrgeiziges Programm ist beispielsweise »Zeeland hinter Deich und Dünen«: Mit dem Fahrrad, der Kutsche oder dem Bus kann man alte, restaurierte Bauernhöfe und Mühlen besuchen oder Fortanlagen wie Rammekes (Schelde). Besonders vielseitig ist das Angebot für Wassersportler: Windsurfen und Schnorcheln, Tauchen und Segeln sowie der Angelsport werden groß geschrieben.

Aus Gründen des Umweltschutzes und der Hygiene ist das Zelten außerhalb von Campingplätzen nicht gestattet.

MIDDELBURG

[130 B3] Die Hauptstadt Zeelands (41 000 Ew.), war während Hollands »Goldenem Zeitalter«, dem 17. Jh., neben Amsterdam die reichste Stadt des Landes. Handel auf der Ostsee, aber auch Sklavenhandel, Kaperfahrt und Piraterie waren ihre Einnahmequellen. Der Wohlstand

Der Oosterscheldedamm schützt das Hinterland vor Überschwemmungen

Marco Polo Highlights »Zeeland«

★ **Abtei in Middelburg**
Restaurierter Backsteinkomplex mit langer Geschichte (Seite 29)

★ **Markt in Goes**
Schöner Platz mit historischem Flair (Seite 31)

★ **Veere**
Ein Musterbeispiel der Brabanter Gotik (Seite 33)

★ **Borssele**
In dem Dorf bei Middelburg wachsen die meisten Johannisbeeren (Seite 34)

★ **Zeeuws Vlaanderen**
Eindrucksvolle Polderlandschaft Flanderns (Seite 35)

★ **Sluis**
Trutzig wie im Mittelalter präsentiert sich die Stadt (Seite 37)

spiegelt sich in den Herrenhäusern jener Zeit. Die europäische Denkmalstadt überrascht durch stille Gassen an den Grachten, durch herrliche Profan- und Sakralbauten. Ein Stadtspaziergang führt über den Damplein zum Dam mit Speicherhäusern und zum einzigen Stadttor, dem Koepoort. Reizvoll ist auch der Weg durch die ehemaligen Wehranlagen. Im 16. Jh. war Middelburg einer der wichtigsten Sitze der Vereinigten Ostindischen Kompanie. 1940 brannte die mit Grachten durchzogene Stadt nach einem deutschen Luftangriff ab. In der Folgezeit wurde sie in beispielhafter Weise rekonstruiert. Stadtführungen werden täglich vom Verkehrsamt angeboten.

Insider Tipp

SEHENSWERTES

Abtei (Onze Lieve Vrouwe Abdij)
★ Der Backsteinkomplex aus dem 12. Jh. wurde während des Zweiten Weltkrieges total zerstört. Im spätgotischen Stil wieder aufgebaut, wird das Kloster heute wie eh und je vom 85 m hohen, achteckigen Turm »Lange Jan« überragt, so dass man sich wieder ins Mittelalter zurückversetzt fühlen kann. In der Abtei befindet sich die Provinzverwaltung und das *Zeeuws Museum. Mo–Sa 11–17, So 12–17 Uhr (MJK). Lange Jan: Glockenspielkonzert jeden Do 12–13 Uhr*

Stadhuis

Insider Tipp

Das Rathaus wurde von der flämischen Architektenfamilie Kelderman 1452–1458 erbaut und erinnert an das von Brüssel. Es gilt als der schönste Profanbau des Landes. Die Fassade schmücken die 25 Grafen und Gräfinnen von Zeeland; im Innern fasziniert der prächtige Bürger-saal *(Führungen: 1. April bis 3. Nov. Mo–Sa 10–17 Uhr).* Während eines Luftangriffes im Zweiten Weltkrieg brannte auch das Stadhuis ab, wurde aber später wieder aufgebaut. Sehenswerter Markt am Do und Sa, Trödel- und Antikmarkt 1. Sa im Monat.

ESSEN & TRINKEN

De Eetkamer
Brasserie in historischer Umgebung. Hier wird hervorragend und würzig gekocht. Für Lunch reservieren, sonst *Di–Sa ab 17 Uhr, Tel. 0118/63 56 76, Wagenaarstraat 13 bis 15,* €€–€€€

Surabaya
Eine gute Adresse, um die indonesische Küche zu probieren. *Di–So 17–21.30 Uhr, Tel. 0118/63 59 14, Stationsstraat 20,* €

ÜBERNACHTEN

Grandhotel du Commerce
Stilvolles Stadthotel mit Plüsch. *45 Zi., Loskade 1, Tel. 0118/63 60 51, Fax 62 64 00,* €€

De Nieuwe Doelen
Komforthotel nahe dem Bahnhof mit Restaurant, Garten und gemütlicher Bar. *26 Zi., Loskade 3–7, Tel. 0118/61 21 21, Fax 62 66 99,* €–€€

AUSKUNFT

VVV
Touristinformation für ganz Zeeland. *4330 AC Middelburg, Postfach 123, Tel. 0118/65 99 65, Fax 65 99 66 (Reservierung und Information), www.zeelandnet.nl/toerist, Gebühr für Reservierungen (Hotelzimmer und Campingplätze) 7–14 Euro*

ZIELE IN DER UMGEBUNG

Brouwershaven **[126 B5]**
Das Hafenstädtchen auf Schouwen-Duiveland gehört zu den beliebten Wassersportorten Zeelands. Im gesamten Gebiet des Grevelingen-Meeres kann man Segelboote mieten. Das Sumpfgebiet von Flakee ist Brutgebiet für Wasservögel. Sehenswert die Hallenkirche und das Renaissancerathaus von 1599. Am Brouwersdam liegt die Ferienanlage *Port Greve (ca. 80 Bungalows auf 40 ha, Heernisweg 1, Tel. 0111/69 18 55, Fax 69 20 63, Wochenpreis für 4 Pers. 150–850 Euro je nach Saison).* Das Süßwassermeer Grevelingen ist als Angelrevier bekannt. *Auskunft: VVV Brouwershaven, Markt 2, Tel. 0111/69 19 40*

Domburg **[130 A–B3]**
Das ältestes Seebad des Landes zog um die Jahrhundertwende Maler wie Piet Mondrian an; Kaiserin Sissi von Österreich und wohlhabende Bürger fanden sich hier zur Kur ein. Heute ist Domburg bodenständiger, und der einst luxuriöse »Badepavillon« mit seinen Schnörkeltürmchen steht verfallen auf den Dünen überm Meer. Dem Ort halten in erster Linie deutschsprachige Besucher die Treue. Ohne sie, so heißt es, hätte man Domburg längst schließen können. Eine Wanderroute führt von Domburg nach Oostkapelle durch den Wald. Das *Badhotel Domburg,* ein moderner Hotelkomplex, verfügt über 116 helle und geräumige Zimmer, ein Beauty Center und ein eher mittelmäßiges Restaurant *(Domburgseweg 1a, Tel. 0118/58 88 88, Fax 58 88 99,* €€€*).* Umgeben von einem Garten ist das 150 Jahre alte Landhaus *Green White:* schöne große Zimmer, angenehm jene im Obergeschoss *(21 Zi., Ipenoord, Noordweg 43, Tel. 0118/59 12 23, Fax 59 32 81,* €€*).*

Insider Tipp

Ein hübsches, einfaches Badehotel ist das *Nehalennia,* einige Zimmer haben einen Balkon *(28 Zi., Badstraat 17, Tel. 0118/ 58 15 52, Fax 58 35 53, €)*. Die *Villa Magnolia* ist ein schönes Haus aus dem Jahr 1911, idyllisch und ruhig gelegen mit geschmackvoll eingerichteten Zimmern *(15 Zi., Oostkapelle, Oude Domburgseweg 20, Tel. 0118/58 19 80, Fax 58 40 58, €€)*. Das ehemalige Kloster und Schloss aus dem 13. Jh., *Kastell Westhove*, ist mit der Parkanlage und Orangerie die wahrscheinlich schönste Jugendherberge des Landes. *(Duinvlietweg 8, Tel. 0118/ 58 12 54, Fax 58 33 42)*.

Goes **[131 D3]**
Beschauliche Kleinstadt (25 000 Ew.) und Wirtschaftszentrum der ehemaligen Insel Südbeveland. Früher residierte in der Stadt Jacoba von Bayern, Gräfin von Holland (1401–1436). ★ Sehenswert der historische *Marktplatz*, vor allem am Dienstag, wenn Wochenmarkt ist. Interessant auch das gotische *Rathaus*, das *Gotische Haus* in der Turfkade, die turmlose *Kreuzbasilika* im Stil der Brabanter Gotik. Im ehemaligen Waisenhaus (15. Jh.) befindet sich das *Museum Zuiden-Noord-Beveland (Di–Fr 10–17, Sa 13–16 Uhr, Eintritt 2,30 Euro, Singelstraat 13)*. Im Restaurant *Bon Vivant* gibt es Muscheln und Fisch *(Di–So 12–23 Uhr, Dam 2, Tel. 0113/23 00 66, €€–€€€)*. *La Dolce Vita (Mi–So 17–23 Uhr, Piet Heinstraat 3a, Tel. 0113/22 13 39, €€€)* bietet auch eine gute zeeländische Küche. Die köstlichen schwarzen Johannisbeerpralinen ersteht man am besten bei *Caringe (Van Galenstraat 21, Tel. 0113/ 23 35 82, unregelmäßige Öffnungszeiten)*.

Haamstede **[126 A5]**
Zwischen Renesse und Haamstede auf der Insel Schouwen-Duiveland erstreckt sich ein breiter Dünengür-

Die zeeländische Küste ist auch Surferparadies

Dünen, Sonne und Meer: Der Strand bei Haamstede ist ein gut besuchtes Urlaubsziel in Zeeland

tel *(Het Zeepe und Verklikkerduinen)* mit dem bekannten Badestrand *Kop van Schouwen* – breitester Nordseestrand von Zeeland. Burgh Haamstede und das benachbarte Renesse zählen daher zu den beliebtesten Urlaubszielen in der Meeresprovinz. *Het Zeepe* ist eine 337 ha große Natur- und Wanderzone. *Burgh Haamstede* aus dem 13. Jh. kann besichtigt werden *(Mitte Juni–Sept., Information und Karten beim VVV, Middelburg)*. Für die Übernachtung bietet sich *De Torenhoeve* an, ein ehemaliger Bauernhof, nicht weit vom Meer entfernt und ruhig gelegen *(12 Zi., Torenweg 38, Tel. 0111/65 35 10, Fax 65 13 23, €€)*.

Oostkapelle **[130 B2–3]**

Zwischen Oostkapelle und Veersegatdam, der zur künstlichen Insel Neeltje Jans führt, finden Sie ein ausgedehntes Dünengebiet vor. Diese Gegend ist dank des breiten Sandstrandes ein sehr beliebtes Badeziel. Oostkapelle besitzt außerdem einen schönen Dorfkern. Im Mittelalter war das Städtchen Sommersitz der Äbte.

Renesse **[126 A5]**

Mit mehr als 3 Mio. Übernachtungen pro Jahr ist West-Schouwen mit Renesse und Burgh Haamstede nach Amsterdam der meistbesuchte Ort des Landes. Hierher kommen vor allem Familien, junge Leute und eine treue deutsche Stammkundschaft im Sommer. An lauen Abenden verwandelt sich der Platz rund um die St. Jacobskerk zum lauten, geselligen Treffpunkt.

Um die Autos aus dem Dorf zu verbannen, wurde das *Recreatie-Transferium* in Betrieb genommen: ein Parkplatz für 900 Autos. Von dort aus kann man mit einem elektrischen Shuttle, auf Leihrädern oder in kleinen Zügen mit Disneymotiven zum Strand und in die Dünen fahren. Parken und Transport sind zum großen Teil kostenlos. Nette Stewards geben bereitwillig Auskünfte. Das Transferium ist die erste Maßnahme, um die Ferienlandschaft von Autos frei zu halten, damit die Natur und die Polderlandschaft bewahrt bleiben.

Lohnend ist ein Ausflug zum *Schloss Moermond* (12. Jh.), mehrmals zerstört und wieder aufgebaut

(Mitte Juni–Aug. Do morgens, Eintritt 2,50 Euro, Information beim VVV, Middelburg). Im *Arc Hotel Zeeland* am Dorfrand herrscht eine familiäre Atmosphäre *(48 Zi., Hoogenboomlaan 5, Tel. 0111/46 25 10, Fax 46 25 69, www.archotel.nl, €€).* Das *Hotel Orangerie* im Schloss Moermond ist recht ruhig gelegen *(nur Ostern, Pfingsten, Juli und Aug. geöffnet, 44 Zi., Slot Moermond, Tel. 0111/46 17 88, Fax 46 17 54, €€, www.slot-moermond.nl).*

Veere **[130 C3]**

★ Mit seinem zierlichen Rathaus, 1470 im Stil der Brabanter Gotik erbaut, der unvollendeten, mächtigen spätgotischen Liebfrauenkirche aus dem 13. Jh. und einigen Bürgerhäusern gehört diese zeeländische Stadt zu den schönsten Orten, in denen der Architekturstil der niederländischen Gotik erhalten geblieben ist. 1996 feierte Veere (450 Ew.) sein 700-jähriges Stadtjubiläum. An die Blütezeit von Veere erinnern auch die gepflegten, alten Bürgerhäuser und am Kaai Nr. 25–27 die *schotse huizen* »Het Lammetje« und »De Struys«, früher Lagerhäuser der schottischen Wollhändler. In dem Teil der alten Stadtmauer, der erhalten geblieben ist, steht noch die ehemalige Stadtherberge *Campveerse Turm.* Aus dem früheren Fischereihafen entwickelte sich ein belebter Yachthafen. Im Rathaus befindet sich die *Oude vierschaa,* das frühere Gericht *(Juni–Sept. Mo–Sa 12–17 Uhr).*

Von Veere aus bieten sich Radtouren über die Halbinsel *Walcheren* nach Vrouwenpolder und Serooskerke an. Die dortige Mühle ist zu besichtigen. Im Restaurant *Kampveerse Toren* kann man dem Trubel des Touristenstroms von der Terrasse aus zuschauen *(Kaai 2, Tel. 0118/501291, €€€).* Insider Tipp

Vlissingen **[130 B4]**

Ein mondäner Badeort der europäischen *beau monde* wie Zandvoort oder Domburg ist Vlissingen nie gewesen. Aber es hat den schönsten Boulevard der Niederlande direkt Insider Tipp

Musizierender Sand

Auf das seit Urzeiten bekannte Phänomen trifft man auch in Zeeland

Strandsand, der aus Körnern im Durchmesser von einem 100stel- bis 1000stel-Millimeter besteht, scheint unter dem Einfluss von Wind Musik zu machen. So genannter »singender« Sand besteht vor allem aus Quarz, »plumpsender« Sand aus kalkhaltigen Verbindungen. Letzterer kommt an extrem trockenen Orten überall auf der Welt vor. Während der singende Sand eine Seltenheit ist, stößt man auf plumpsenden Sand häufiger. Mit Glück kann man den Musizierenden in den heißen Sommermonaten an einigen Strandabschnitten auf Schiermonnikoog, Ameland und in Zeeland hören.

an der See mit vorgelagertem Sandstrand und dem wuchtigen *Gevangentoren,* dem Rest des alten Stadttores von 1563.

Die seit dem Mittelalter befestigte Hafenstadt (45 000 Ew.) an der 4 km breiten Scheldemündung ist Ausgangspunkt der Fähren nach Breskens in Zeeuws Vlaanderen. Auf der Reede liegen stets zahlreiche Schiffe. Die Stadt ist Geburtsort des berühmten Admirals Michiel Adriaenszoon de Ruyter (1607 bis 1676), der Holland im dritten Krieg gegen England vor einer Niederlage bewahrte. Sein Standbild steht an der Rotunde. Die *Oude Kerk* (14. Jh.) erhebt sich am Oude Markt, an der Houtkade steht das *Rathaus* von 1733. Im Zweiten Weltkrieg wurde der Ort zerstört, noch immer sind Teile des deutschen Atlantikwalls sichtbar: verziert mit Graffiti und Worten wie »Zimmer frei«, die, obwohl die Stadtverwaltung sie immer wieder entfernen lässt, aufs Neue geschrieben werden.

Giebelhäuser aus dem 16. und 17. Jh. stehen am Oude Mark, die *Alte Börse* am Beursplein. Das maritime Erlebniszentrum erstreckt sich rund um *Het Arsenaal* mit Unterwasserwelt, Cafés, Restaurants und einem Aussichtsturm *(Arsenaalplein1, tgl. 10–19, Juni–Sept. 10–20 Uhr, Eintritt 8 Euro, www.arsenaal.com).* Einen Besuch wert ist das kleine Dorf ★ *Borssele,* das nach dem goldenen Schnitt angelegt wurde. 75 Prozent aller schwarzen Johannisbeeren Hollands wachsen hier.

Am Nieuwendijk ist das kürzlich neu eröffnete *Zeeuws Maritiem muZEEum* zu finden: Schiffsmodelle, Karten und Meeresexponate *(Mo–Fr 10–17, Sa, So 13–17 Uhr, Nieuwendijk 1, Eintritt 6 Euro, MJK).* Im Zentrum das *Boshotel* im Art-nouveau-Stil *(34 Zi., Spuistraat 59–64, Tel. 0118/41 33 03, Fax 41 14 40, €).* Vom Fährhafen Vlissingen fahren regelmäßig Fähren nach Breskens in Zeeuws Vlaanderen. Keine Reservierungen möglich: In der Hochsaison muss mit Wartezeiten gerechnet werden.

Inside Tipp

Waterland Neeltje Jans **[130 C2]**

Auf der künstlichen Insel Neeltje Jans befindet sich die Waterland Expo, eine Ausstellung zum Deltaprojekt. Das Sturmflutwehr wurde errichtet, um das Hinterland bei Hochwasser vor Überschwemmungen zu schützen. Am 4. Oktober 1986 nahm Königin Beatrix das Hauptflutwehr der Oosterschelde mit einem Knopfdruck in Betrieb. Der Oosterscheldedamm, Teil der Deltawerke, schließt sich bei hohem Wasserstand (ab 3 m über normal) und schützt vor Hochwasser bis zu 5,80 m über normal. Bei einer Bootsfahrt gewinnt man Einblick in die Funktionsweise einer Schleuse. *Im Sommer tgl. 10–17.30 Uhr, Winter Mo, Di geschl., Eintritt 11 Euro, Bootstour 5 Euro*

Yerseke **[131 E3]**

Das Dorf der Muschelbauern und Austernbarone ist bekannt für seine Fischrestaurants: z. B. *Nolet (Di–So 12–21 Uhr, Lepelstraat 7, Tel. 0113/57 13 09, €€)* und das *Nolet's Vistro:* Zum Repertoire zählen auch hier Fisch- und Muschelgerichte *(Juli, Aug. tgl. 12–15.30, 17.30–21.30 Uhr, Sept.–Juni Mo geschl., Burgemeester Sinkelaan 6, Tel. 0113/57 21 01, €€).*

Insider Tipp **Zierikzee** [126 B6]
Wie wohlhabend Zierikzee einmal war, vermitteln die denkmalgeschützte Altstadt, das Rathaus mit dem hölzernen, verschnörkelten Glockenturm und der unvollendete, 60 m hohe Sint-Lievens-Monsterturm. Eigentlich sollte der *Sint Lievens Monstertoren* 206 m hoch werden. Aber während des Baus ging der Stadt das Geld aus. Die wichtigsten Sehenswürdigkeiten in der kleinen, verträumten Stadt: *Noord- und Zuiderpoort,* Stadttore aus dem 14. und 15. Jh., das gotische *Burgerwees huis,* der *Vismarkt.* Im Gravensteen, dem ehemaligen Stadtgefängnis aus dem 16. Jh., ist nun das *Schifffahrtsmuseum* untergebracht. *(April–Okt. Mo–Sa 10–17, So 12–17 Uhr, Mol 25, Eintritt 1,80 Euro, MJK).*

Das *Schuddebeurs* ist ein romantisch gelegenes Hotel mit gemütlichem Restaurant, in dem französische Küche serviert wird *(22 Zi., Donkereweg 35, Tel. 0111/ 41 56 51, Fax 41 31 03, www.schuddebeurs.nl, €€–€€€).*

Zeeuws Vlaanderen

[130–131 A–D 5–6] ★ Am anderen Ufer der Schelde und angrenzend an Flandern liegt die fruchtbare Polderlandschaft Zeeuws Vlaanderen. Den flämischen Teil der Niederlande erreicht man mit der Fähre von Vlissingen nach Breskens, oder man reist durch Belgien an.

Hier, im südlichsten Teil der Region ist es wesentlich ruhiger, aber teilweise auch lebensfroher als im restlichen Zeeland. Dieser Landstrich mit seinem 11 km langen Nordseestrand ist ein einziges Idyll mit mehreren Naturschutzgebieten – De Zwarte Polder, Het Verdronken Land van Saeftinghe, Het Zwin –, die jeden Naturfreund ins Schwärmen bringen. Durch die Landschaft führen Radwanderwege, Fahrräder kann man in allen Orten mieten. Auf dem Rad fährt man an Windmühlen vorüber, folgt verträumten Kanälen oder lässt

Zierikzee war früher eine wohlhabende Hafenstadt

sich an der Küste den Wind um die Nase wehen.

Das Hinterland von Brügge, Gent und der belgischen Küste (siehe auch MARCO POLO Flandern) ist mit den Orten Sluis, Hulst und Aardenburg vor allem kulturhistorisch interessant. Auch Terneuzen, der drittgrößte Hafen der Niederlande, lohnt einen Besuch.

Info: *VVV (Bld. de Wielingen 44 d, 4506 JK Cadzand-Bad, Tel. 0117/39 12 98, Fax 39 25 60)* sowie *Toeristisch VVV (Markt 11–13, 4530 GD-Terneuzen, Tel. 0115/62 10 22, Fax 61 11 11)*

ZIELE IN ZEEUWS VLAANDEREN

Aardenburg **[130 A6]**

Wer mit der Kutsche durch die älteste Stadt Zeelands rollt, kann sich vorstellen, warum die meisten Reisenden, die Zeeuws Vlaanderen besucht haben, begeistert sind. In dem Ort, den schon die Römer kannten und der im Mittelalter von Scharen von Pilgern aufgesucht wurde, scheint die Zeit im 17. Jh. stehen geblieben zu sein. Reste der alten Stadtmauer sind noch erhalten. Für Liebhaber: Schneckenzüchterei, Verkauf und Gaststätte *In den Wijngaard (Smedekensbrugge 34, Tel. 0117/49 12 36, tgl. 9–18 Uhr, €€). (Kutschfahrten nur im Juli und Aug.)*

Breskens **[130 B4–5]**

Der Fährhafen nach Vlissingen wäre nicht weiter nennenswert, könnte man nicht von seinen Dünen auf Panoramawegen die Schiffe von und nach Antwerpen bestaunen. Für Segler: Der Yachthafen bietet 600 Booten Platz.

Cadzand **[130 A5]**

Der familiäre Ferienort besteht aus Cadzand-Bad und Cadzand-Dorp, in dem einige alte Gebäude und die frühgotische Kirche auf eine lange Geschichte verweisen. Im 13. Jh. war Cadzand noch Insel.
Das Beste an Cadzand ist der Strand bei Cadzand-Bad, an dem man mit etwas Glück noch prähistorische, schwarze Haifischzähne finden kann. Guter Ausgangspunkt für Radtouren. *De Blanke Top* ist ein Vorzeigehotel in den Dünen mit gutem Restaurant *(44 Zi., Bld. de Wielingen 1, Tel. 0117/39 20 40, Fax 39 14 27, www.blanketop.nl, €€€).*

Insider Tipp

Das *Strandhotel* liegt auf einem Dünenkamm. Es ist modern und zweckmäßig eingerichtet, Zimmer teilweise mit Blick zur See. Es besitzt außerdem ein eigenes Hallenbad und ein Restaurant *(37 Zi., Bld. de Wielingen 49, Tel. 0117/39 21 10, Fax 39 15 35, www.strandhotel.nu, €€).* Im Hotel Nordzee finden Sie das von Dünen umgebene, angenehme Restaurant *De Duin* mit Terrasse *(Nordzeestraat 2, Tel. 0117/39 18 10, €€).*

Hulst **[131 E6]**

Die Festungs- und Handelsstadt (19 000 Ew.) südlich der Westerschelde wird von einem 3,5 km langen Stadtwall mit vier Stadttoren umschlossen. Die wuchtige Willibrordus-Basilika im Stil der Brabanter Gotik beherrscht das Stadtbild.

Das nordöstlich gelegene, 3500 ha große *Het Verdronken Land van Saeftinghe* ist als Brackwasser-Naturschutzgebiet einmalig in Europa, aber nur vom Deich aus oder mit einer Führung zu besichtigen *(Auskunft: VVV).* Das Mühlen-

Insider Tipp

bollwerk *De Stadsmolen* kann nach Absprache besucht werden *(Anmeldung Tel. 0114/ 69 04 72)*. Für die Übernachtung: Das nächstgelegene komfortable Stadthotel befindet sich in Terneuzen.

Sluis **[130 A6]**

★ Diese geschichtsträchtige Festungsstadt war einst der Vorhafen von Brügge. Sluis, während des Zweiten Weltkrieges zu 80 Prozent zerstört und nun vollkommen restauriert, besitzt als einzige niederländische Stadt einen schönen Stadtturm mit vier Ecktürmchen. Das angrenzende *Rathaus* kann während der Sommersaison täglich zwischen 10 und 12 bzw. 13 und 17 Uhr besichtigt werden. In den Restaurants der Stadt isst man hervorragend flämisch. Das beste Haus am Platz: *Oud Sluis*, die Spezialitäten sind Fischgerichte *(Beestenmarkt 2, Tel. 0117/ 46 12 69, €€€)*. Empfehlenswert auch die Taverne *Lindenhoeve (Beesten Markt 4, Tel. 0117/ 46 18 10, €€)* sowie *De Schaapskooi (Zuiderbruggeweg 23, Tel. 0117/49 16 00, €€)*.

Insider Tipp

Direkt an der belgischen Grenze liegt *St. Anna ter Muiden* **[130 A5]**, ein kleines Bauerndorf mit einem mächtigen Kirchturm aus Backstein, der im Mittelalter errichtet wurde. Auf dem Landweg gelangt man in das einsam gelegene und großartige Naturschutzgebiet *Het Zwin* an der flämischen Nordseeküste.

Insider Tipp

Terneuzen **[131 D5]**

In der Hafenstadt dreht sich praktisch alles um die Schifffahrt. Kein Wunder, schließlich liegt der Ort mit seinen 34500 Ew. nicht nur an der Westerschelde, sondern auch am Eingang des Kanals, der nach Gent führt. Vom großen Schleusenkomplex, dem *Portaal van Vlaanderen*, kann man den Schleppern zuschauen, wie sie die schweren Kähne durch die Schleusen lotsen. Aber auch vom Scheldeboulevard hat man eine hübsche Aussicht auf das Geschehen im Hafen. Gut übernachten kann man im Hotel *Churchill (54 Zi., Churchillaan 700, Tel. 0115/62 11 20, Fax 69 73 93, www.churchillhotel-terneuzen.nl, €€)*.

Gaibollen

Das zeeländische Jeu de Boule gehört zu den ältesten Sportarten der Region

Das Spiel, das dem französischen Jeu de Boule ähnlich ist, wird auch heute noch in vielen Cafés in Zeeland gespielt. Besonders engagiert ist man in Hengstdijk rund 12 km östlich der Stadt Terneuzen. Die dortigen Spieler sind im Club »De Lustige Bollers« vereint. Die Spielregeln sind einfach: Jeder Teilnehmer darf drei Holzkugeln in die Richtung eines vogelähnlichen Gegenstands werfen, der auf einem Stock befestigt ist. Wer den »Vogel abschießt«, hat gewonnen.

CALIFORNIA
AE-29-91

Kontraste auf kleinem Raum

Endlose Sandstrände und großstädtische Kultur konkurrieren um die Gunst der Besucher

Im Westen der Niederlande erstreckt sich die Nordseeküste mit ihrem breiten Dünengürtel. Da gibt es Seebäder wie Scheveningen, Katwijk und Noordwijk, kulturhistorisch interessante Städte wie Delft, Dordrecht und Leiden und das Regierungszentrum Den Haag. Und dort liegt auch der größte Hafen der Welt, Rotterdam. Kein Gebiet in Europa ist so dicht besiedelt.

Farbenpracht zur Blüte im Juni

DEN HAAG – SCHEVENINGEN

Karte in der hinteren Umschlagklappe

[127 E1–2] Den Haag – Sitz der niederländischen Regierung und Residenzstadt der Königin. Der amtliche Name lautet *'s-Gravenhage* und leitet sich von der Domäne der Grafen von Holland ab. Der Wohnort von Königin Beatrix vermittelt den Charme einer provinziell-behäbigen Diplomatenstadt, hat aber keine Stadtrechte. Rein formal ist er ein Dorf. Nur einmal, als Napoleon hier abstieg, erhielt Den Haag für 48 Stunden die Stadtrechte – der berühmte Franzose wollte nicht in einem Dorf schlafen. Hier in Den Haag ist es ein wenig vornehmer, sauberer, ruhiger und zurückhaltender als in der Konkurrenzstadt Amsterdam. Auf gesellschaftliche Rangordnung wird Wert gelegt, und es gibt hier die besten indonesischen Restaurants des Landes.

Zu Den Haag gehören neben Scheveningen Kijkduin und der Villenvorort Wassenaar. Scheveningen hat sich von einem winzigen Fischerdorf zu einem turbulenten und beliebten Seebad entwickelt. Architektonische Höhepunkte sind der 381 m lange Pier mit Restaurant und Aussichtsturm sowie das Kurhaus. Auf dem Boulevard und am Strand findet man zahlreiche Terrassencafés und Strandrestaurants.

In Delft vermitteln nicht nur die Häuser Nostalgie

Das Jugendstil-Kurhaus von Scheveningen mit Kursaal und Casino

SEHENSWERTES

Binnenhof **[U D4]**
Das Regierungszentrum der Stadt mit seinen alten und neuen Gebäuden, von denen viele im Rahmen einer Führung besichtigt werden können. Besondere Aufmerksamkeit verdient der *Ridderzaal*, in dem die Königin alljährlich am dritten Dienstag im September ihre Thronrede verliest.

Indische Buurt **[U B–D 1–2]**
Im »Indischen Viertel« hinter dem Friedenspalast haben sich während der Kolonialzeit hohe Beamte herrliche Wohnhäuser errichtet. In der Surinamestraat **[U C1]** steht das Denkmal des Schriftstellers Louis Couperus, der mit seinem Roman »Die stille Kraft« die Kolonialpolitik seiner Landsleute anprangerte.

MS Mercur **[O]**
Ein ausgemusterter Torpedojäger dient nun als Museumsschiff. Zu besichtigen sind die Brücke, die Kajüten und die Kombüsen. *Tgl. außer Mo 10–17 Uhr, Eintritt 2,50 Euro, Binnenhaven, Scheveningen*

Paleis Noordeinde **[U C4]**
Im Paleis residiert seit 1980 Königin Beatrix. Das neoklassizistische Schloss wurde 1553 erbaut. Hinter dem Gebäude befindet sich ein weitläufiger Park, der – im Gegensatz zu den Diensträumen der Königin – zugänglich ist. *Noordeinde*

Vredespalais **[U A2]**
Der Friedenspalast ist Sitz des Internationalen Gerichtshofes und der Akademie des Völkerrechts. Im Rahmen von Führungen zu besichtigen. *Mo–Fr 11, 14, 15 Uhr, Eintritt 3,40 Euro, Carnegieplein*

MUSEEN

Gemeentemuseum **[O]**
Im Gebäude der Amsterdamer Schule ist neben chinesischem Porzellan

Insider Tipp

und venezianischer Glaskunst eine umfangreiche Mondrian-Sammlung zu sehen. *Di–So 11–17 Uhr, Eintritt 4,50 Euro (MJK), Stadhouderslaan 41, Den Haag, www.gemeentemeuseum.nl*

Mauritshuis **[U D4]**
In dem klassizistischen Gebäude ist die königliche Gemäldegalerie mit berühmten Bildern von Vermeer, Rembrandt, Jan Steen, Frans Hals und anderen bekannten Malern des »Goldenen Zeitalters« untergebracht. *Di–Sa 10–17, So 11–17 Uhr, Eintritt 7 Euro (MJK), Korte Vijverberg 8, Den Haag, www.mauritshuis.nl*

Panorama Mesdag **[U C3]**
Halbrundes Gemälde auf einer Fläche von fast 1700 m^2, das das Fischerdorf Scheveningen mit Blick aufs Meer und auf die Dünen im Jahr 1880 darstellt. *Mo–Sa 10–17, So 12–17 Uhr, Eintritt 4 Euro, Zeestraat 65, Den Haag, www.mesdag.nl*

ESSEN & TRINKEN

Djawa **[U D2]**
Hier wird köstlich indonesisch gekocht mit einem Akzent auf die pikante Küche von Sumatra. Die Reistafel gibt es auch für Vegetarier. *Tgl. ab 17.30 Uhr, Mallemollen 12 a, Tel. 070/363 57 63,* €€

Fouquet **[U D2]**
Schickes *eetcafé,* in dem Fisch- und Fleischgerichte serviert werden, z. B. Seeteufel in Krabbensauce. Es gibt in den Sommermonaten auch eine Terrasse und innen Nichtraucherplätze. *Tgl. 18–23 Uhr, Javastraat 31 a, Den Haag, Tel. 070/360 62 73,* €€–€€€

MARCO POLO Highlights »Die großen Städte im Westen«

★ **Delft**
Hübsches Ensemble von holländischen Patrizierhäusern (Seite 43)

★ **Leiden und die Gracht Rapenburg**
Universitätsstadt mit romantischer Gracht (Seite 44)

★ **Space-Expo bei Noordwijk**
Große Ausstellung zur europäischen Raumfahrt (Seite 46)

★ **Hafen von Rotterdam**
Man nennt ihn auch »Tor zum Kontinent« (Seite 46)

★ **Maritiem Museum in Rotterdam**
Das ehemalige Rammschiff Buffel ist nur eine der Attraktionen (Seite 48)

★ **Schiedam**
Die fünf Mühlen prägen das Ortsbild der ehemaligen Geneverstadt (Seite 49)

't Goude Hooft **[U C5]**
Altholländisches Café und Restaurant. *Tgl. geöffnet, Groenmarkt 13, Den Haag, Tel. 070/346 97 13,* €–€€

Insider Tipp **Heringskarren** **[U D5]**
Am Tor zum Buitenhof steht der Karren, an dem auch manch hoher Regierungsbeamte, köstlichen Hering schmausend, die Mittagspause verbringt.

Parbleu **[U D3]**
Brasserie mit Korbstühlen, gute Küche zu vernünftigen Preisen, auch vegetarisch. *Tgl. ab 17 Uhr, Nieuwe Schoolstraat 13 d, Den Haag, Tel. 070/365 08 87,* €€

Rederserf **[O]**
Wer es lebhaft liebt (120 Plätze) und frischen Fisch mag, geht in dieses luxuriöse Restaurant. Köstlich die Garnelenkroketten, der Lachs allerdings manchmal zu trocken. *Mo–Fr 12–14.30, tgl. 17.30–21.30 Uhr, Schokkersweg 37, Scheveningen, Tel. 070/350 50 23,* €€€

Vishandel Simonis **[O]**
Ein Begriff in Scheveningen. Man kann im Stehen einen Hering oder eine Krebssuppe essen oder bestellt das Schollenfilet Picasso. *Tgl. 11 bis 21 Uhr, Visabslagweg 20, Scheveningen, Tel. 070/350 00 42,* €

EINKAUFEN

Herz des autofreien Einkaufsviertels in Den Haag ist die *Haagse Passage* **[U D5]** zwischen Spuistraat und Buitenhof. Der Glaskuppelbau im venezianischen Stil birgt Boutiquen und Shops. Gegenüber das bekannte Kaufhaus *Maison de Bonneterie,* in dem auch die Königin (nach Ladenschluss) einkauft. Die Gravstraat führt zum *Groenmarkt,* dem Gemüsemarkt **[U C5]**. Die *Paleispromenade,* auch Hoogstraat **[U C4–5]**, führt als elegante Einkaufsstraße (von Antiquitäten bis Kindermode) nach Noordeinde. In der Molenstraat **[U C4]** – um die Ecke – Modegeschäfte des gehobenen Geschmacks und auch Antikläden und Galerien.

ÜBERNACHTEN

Corona **[U D4]**
Gegenüber dem Binnenhof, gutes Restaurants und Caféterrasse, komfortable Zimmer. *36 Zi., Buitenhof 39–42, Den Haag, Tel. 070/363 79 30, Fax 361 57 85, www.corona.nl,* €€€

Duinoord **[O]**
Royal angehauchte, angenehme Zimmer, gutes Restaurant. *20 Zi., Wassenaarseslag 26, Den Haag, Tel. 070/511 93 32, Fax 511 22 10, www.hotelduinoord.nl,* €€–€€€

Kurhaus **[O]**
Luxuriöser Nachfolger des bekannten Kurhauses von 1885. *241 Zi., Gevers Deynootplein 30, Scheveningen, Tel. 070/416 26 36, Fax 416 26 46, www.kurhaus.nl,* €€€

Strandhotel **[O]**
Einfaches Badehotel in Strandnähe. *20 Zi., Zeekant 111, Scheveningen, Tel. 070/354 01 93, Fax 354 35 58, www.strandhotel.demon.nl,* €

AM ABEND

Die »Den Haag Agenda« gibt eine Übersicht über die Veranstaltungen.

Casino **[O]**
Hier können Sie Ihre Urlaubskasse aufbessern – oder verlieren. Korrekte Kleidung erforderlich. *Gevers Deynootplein 30, Scheveningen, tgl. bis 3 Uhr, Eintritt 3,50 Euro*

Sandokan **[O]**
Toller Tanzpalast mit großzügiger Bar in der Nähe von Scheveningen. *Westduinweg 232, Fr, Sa 22–3 Uhr*

AUSKUNFT

VVV Den Haag **[U F4]**
Koningin Juliana plein 30 (Einkaufszentrum Babylon), Mo–Sa 9–17 Uhr, Tel. 0900/340 35 05, Fax 070/347 21 03 (0,35 Euro pro Min.), www.denhaag.com

VVV Scheveningen **[O]**
Gevers Deynootweg 1134 (Promenade), Mo–Sa 9–17.30 Uhr, Tel. 070/361 88 88

ZIELE IN DER UMGEBUNG

Delft **[127 E2]**
★ Eine der schönsten Kleinstädte des Landes (95 000 Ew.). Zentrum ist der *Grote Markt* mit *Nieuwe Kerk* und *Stadhuis.* In der Neuen Kirche, im 14. und 15. Jh. erbaut, befindet sich das *Prunkgrab von Willem van Oranje,* ein monumentales Renaissancedenkmal, das für 2 Mio. Euro restauriert wurde. In der nicht zugänglichen Gruft sind die meisten Fürsten und Fürstinnen des Hauses Nassau-Oranje beigesetzt. Auffallend der 108 m hohe Turm im Stil der Brabanter Gotik. Das im Renaissancestil errichtete *Rathaus* – dort wird standesgemäß getraut – schließt den weiten Platz ab. Rund um den Markt historische Patrizierhäuser mit altholländischen Giebeln. Hinter dem Rathaus die *Stadtwaage* von 1770, heute Theater.

Berühmt wurde Delft durch seine Fayencen. In der »Porceleyne Fles« wird die Herstellung dieser Art Keramik demonstriert. Delfts berühmtester Maler ist Jan Vermeer (1632–1675). Seine »Ansicht von Delft« (zu sehen im *Mauritshuis,* Den Haag) zeigt den Blick auf seine Vaterstadt, sein bescheidenes Grab liegt in der *Oude Kerk.* Die Alte Kirche wurde zwischen dem 13. und 15. Jh. erbaut. Schon von weitem fällt der 75 m hohe, schiefe Turm auf. Das *Armentarium* aus dem Jahre 1601 war Waffenkammer der Staaten von Holland und Westfriesland, heute ist dort ein Kriegsmuseum untergebracht *(Di bis Fr 10–17, Sa, So 12–17 Uhr, Eintritt 4,50 Euro, Eingang Korte Geer 1).*

Italienische Spezialitäten isst man im Sommer am besten auf der Terrasse *Méli-Mélo, Mi–Sa 18–22 Uhr, Voorstraat 20, Tel. 015/214 74 80, €€.* Beliebt als Lunchadresse das *Koffyhuis (Mo–Fr 9–19, Sa bis 18 Uhr, Oude Delft 131, €).* Insider Tipp Stilvoll schläft man in dem zentral gelegenen *Museumhotel (51 Zi., Oude Delft, Tel. 015/214 09 30, Fax 214 09 35, €€ bis €€€).*

Auskunft: *VVV, Markt 85, Tel. 015/212 61 00.*

Kijkduin **[127 D1]**
Direkt an der Küste, im Westen von Den Haag, liegt Kijkduin. Hier geht es weniger hektisch und laut zu als im angrenzenden Scheveningen. Unterhalb des Kijkduiner Boulevards erstreckt sich ein breiter

Sandstrand. Wanderwege führen durch die Dünen. Im Ferienpark *Kijkduinpark* kann man Holzhütten und Ferienhäuser mieten oder sein Zelt 500 m vom Strand entfernt aufstellen *(Tel. 070/448 21 00, Fax 323 24 57).*

LEIDEN

[122 B–C5] ★ Die Universitätsstadt (115 000 Ew.) mit der großen Gracht Rapenburg, von der viele sagen, sie sei die schönste des Landes, vereinigt alles, was man von einer altholländischen Stadt erwartet: eine lebensfrohe Atmosphäre und ein historisches Zentrum mit romantischen Grachten und alten Giebelhäusern. Durch die Innenstadt fließt der Oude Rijn, der der Stadt ihren unverwechselbaren Charakter verleiht. Leiden erhielt 1266 die Stadtrechte, zu Wohlstand kam es durch die Tuchweberei. Aus Leiden kommen berühmte Maler wie Jan Steen und Rembrandt van Rijn. Auch einen Besuch wert ist der bereits im 16. Jh. angelegte Botanische Garten.

MUSEEN

De Lakenhal
Die Gemäldesammlung des 17. Jhs. ist im Städtischen Museum untergebracht. *Di–Fr 10–17, Sa, So 12 bis 17 Uhr, Eintritt 3,40 Euro, Oude Singel 17*

Rijksmuseum v. Oudheden
Hier gibt es seltene antiquarische Stücke zu sehen. *Di–Fr 10–17, Sa, So 12–17 Uhr, Eintritt 6 Euro, Rapenburg 28*

ESSEN & TRINKEN

In der Studentenstadt gibt es eine große Auswahl an *eetcafés* und Kneipen in der Innenstadt, etwa *De Waterlijn (Prinsenkade 5)* oder *De Poort van Leydens*, eine Brasserie mit Terrasse im Stadttor *(Haven 100, beide tgl. 11–22 Uhr, €–€€).*

Surakarta
Gutes indonesisches Restaurant. *Tgl. 17–23 Uhr, Noordeinde 51–53, Tel. 071/512 35 24, €€*

ÜBERNACHTEN

Doelen
Nettes, kleines Stadthotel. *16 Zi., Rapenburg 2, Tel. 071/512 05 27, Fax 512 84 53, www.dedoelen.com, €€*

Nieuw Minerva
Stilvolles Grachtenhaus im Zentrum. Mit beliebtem Café und Restaurant. *39 Zi., Boommarkt, Tel. 071/512 63 58, Fax 514 26 74, www.nieuwminerva.nl, €€*

AUSKUNFT

Leiden Promotie VVV
Stationsweg 2d, Tel. 0900/222 23 33, Fax 512 53 18, www.leiden.nl

ZIELE IN DER UMGEBUNG

Katwijk aan Zee **[122 B5]**
Kleiner, adretter und gemütlicher Badeort mit stark christlicher Prägung, in dem keine FKK geduldet wird. Katwijk aan Zee mit ursprünglicher Fischerbevölkerung ist mit dem Ort Katwijk aan de Rijn (40 000 Ew.) zusammengewach-

sen. Nördlich von Katwijk verhindern heute Schleusen, dass das Meerwasser in den Alten Rheinarm fließt. Hier besonders schön: Dünenwanderungen.

Lisse **[122 C4]**
Im Schutz der Dünen blüht im Frühjahr der Blumengarten *Bollenstreek,* und mittendrin steht der *Keukenhof* (»Kökenhof« ausgesprochen). Der größte Freilandgarten der Welt, 1949 eröffnet und 28 ha groß, lockt zwischen März und Mai bis zu 1 Mio. Besucher an. Jacoba von Bayern, Gräfin von Holland, benutzte den »Bollenstreek« zur Jagd und zum Anbau von Gemüse und Kräutern. Heute blühen hier schätzungsweise 6 Mio. Zwiebelgewächse. Der Wiener Hofbotaniker Carolus Clusius, auch Charles de l'Escluse genannt, pflanzte die ersten Tulpen 1593 in Leiden an. Schweiz und Deutschland sind heute die größten Importeure von Tulpen und Tulpenzwiebeln. *Keukenhof (Lisse): letztes Wochenende im März bis zum letzten Mittwoch im Mai tgl. 8–19.30 Uhr, Eintritt 11, Tel. 0252/46 55 55, www.keukenhof.nl*

Noordwijk aan Zee **[122 B4]**
Ein viel und gern besuchtes Seebad. Vor dem Boulevard erstreckt sich der weite, breite, gepflegte Strand, der während der Badesaison regelmäßig gereinigt wird. Das Bad mit traditionell deutschen Besuchern besitzt einen hübschen Dorfkern, *Noordwijk-Binnen,* mit altem Baumbestand. Die Bebauung mit Ferienhäusern und Villen – auch der Bierbrauer Freddy Heineken wohnt hier unterm grünen Dach – ist kunterbunt über die alten Dünen gestreut. Vor allem im Frühjahr, wenn rings um Noordwijk die Blumenfelder blühen, ist der Andrang groß. Nahe der Straße nach Katwijk befindet sich seit 1986 die Anlage

Katwijk ist mit seinem schönen Sandstrand ein beliebter Badeort

des Europäischen Raumforschungszentrums ESTEC, die ★ Space-Expo, die größte ständige Ausstellung für Raumfahrt in Europa. Jährlich wird die Space-Expo von mehr als 80 000 Weltrauminteressierten besucht. Zu besichtigen sind z. B. die ESA-Satelliten Ulysses und Giotto, Kinder können ein Astronautendiplom erwerben *(Di–So 10–17 Uhr, Eintritt 6,80 Euro, Tel. 071/364 64 46)*. Ein ruhiges, inmitten der Natur gelegenes Landhotel ist *De Witte Raaf* mit Restaurant *(41 Zi., Duinweg 117–119, Tel. 0252/37 59 84, Fax 37 75 78, www.dewitteraaf.net, €€–€€€)*. Eine stilvolle Villa ist das *Edelman*, alle 27 Zimmer sind unterschiedlich eingerichtet, teilweise mit Meerblick *(Koningin Astridbld. 48, Tel. 071/361 31 24, Fax 361 07 73, €€–€€€)*. Im Restaurant *Cleyburch* gibt es auch Vegetarisches *(Di–So 17–22 Uhr, Herenweg 225, Tel. 071/364 84 48, €€–€€€)*. Im *Thai Tjon* typische thailändische Küche, charmanter Service *(tgl. ab 17 Uhr, Albert Verweijstraat 50, Tel. 071/364 88 88, €€)*. Herrliche Heringe essen Sie am besten bei *Van Duijn, Hoofdstraat–Kerkplein.*

ROTTERDAM

[128 A–B3] Der größte Seehafen der Welt hat praktisch zwei Zentren: Delfshaven, das historische Zentrum der Stadt, und den Oude Haven/Leuvehaven an der Maas – ein beliebtes Viertel zum Ausgehen. Rotterdam strahlt mehr städtische und auch internationale Atmosphäre aus als irgendein anderer Ort der Niederlande. Es gilt als Prototyp einer modernen europäischen Stadt. »Manhattan an der Maas« wurde 1940 von deutschen Flugzeugen bombardiert: 25 000 Wohnungen und Häuser wurden zerstört, etwa 900 Menschen kamen ums Leben und 77 000 wurden obdachlos. In der Nachkriegszeit wurde Rotterdam teilweise neu aufgebaut, die Architektur ist daher moderner als in anderen Städten der Niederlande.

Zum ersten Mal wurde Rotterdam 1283 schriftlich erwähnt. 1340 erhielt es die Stadtrechte. Mit der Industrialisierung des Ruhrgebietes erlebte die Hafenstadt, die heute 600 000 Ew. zählt, ein stürmisches Wachstum. In der »Wasserstadt« gehen drei Jahrhunderte nahtlos ineinander über: historische Schiffe und eine futuristische Skyline, Kaufmannshäuser aus dem 18. Jh. und die neue Erasmusbrücke (»Der Schwan« genannt) am anderen Ufer der Maas. Dort wird zurzeit an einer neuen Stadt gebaut. Außergewöhnlich sind auch die 38 *Baumhäuser* am Oude Haven, ihrer architektonischen Form wegen so genannt, die *Büroklammer* (Mietshäuser) im alten Dockerviertel Katendrecht und das *Nederlands Architectuur instituut (NAi)* im Museumspark. Das Museumsviertel umschließt das Dreieck Westersingel, Rochusstraat und Westzeedijk.

SEHENSWERTES

Hafen

★ Über 42 km erstreckt sich der Hafen bis zur Nordsee. Jährlich gibt es rund 32 000 An- und Abfahrten von Schiffen. Lohnend ist eine Hafenrundfahrt. Dabei sollte man nicht nur auf die touristischen Infos vom Band hören – alles im Hafen

Rotterdam besitzt den größten Seehafen der Welt

ist »historisch, dynamisch und gewaltig« –, sondern sich auf den Hafen selbst konzentrieren. Man kann zwischen dem Tragflächenboot »Flying Dutchman« oder dem »Watertaxi« wählen: Eine schöne Fahrt ist die **vom Leuvehaven zum Hotel New York.** *Rundfahrten: Spido, Leuvehoofd 5, Tel. 010/413 54 00*

Spanse Kade (Spanische Kaje)

Von der Boompjeskade kommt man zum Maasboulevard und von dort zum Oude Haven. Dort sind historische Binnenschiffe festgemacht, in den Straßencafés am Hafen kann man stundenlang sitzen und schauen. Von der Spanischen Kaje führen Stege auf Höfe und in enge Gassen. An der Boompjeskade 715 liegt das *Maastheater*, das allabendlich viele Unternehmungslustige anzieht.

Stadhuis

Im niederländischen Renaissancestil wurde das größte Rathaus des Landes zwischen 1914 und 1920 erbaut. Davor das Denkmal des Begründers des Völkerrechts, Hugo Grotius (1583–1645).

St. Laurenskerk

Am Grote Kerkplein erhebt sich die spätgotische Basilika. Die Grote oder St. Laurenskerk stammt aus dem 15. Jh. und ist das älteste Gebäude der Stadt.

Witte Huis

Über die Baak gelangt man zum Wijnhaven. Dort steht das 45 m hohe Witte Huis, das zur Wende vom 19. ins 20. Jh. der erste europäische Wolkenkratzer war.

MUSEEN

Boijmans-Van Beuningen

Sammlung altniederländischer und italienischer, aber auch zeitgenössischer Maler sowie Ausstellungen mit kunstgewerblichen Gegenständen und Möbeln. *Di–Sa 10–17, So 11–17 Uhr, Eintritt 6 Euro (MJK), Museumpark 18–20 Uhr, www.boijmans.rotterdam.nl*

Home of History
Museum für Fußballfreunde im Stadion »de Kuip« (Feyenoord-Stadion). Mittelpunkt ist ein Ministadion mit 64 Tribünenplätzen. Eintritt ins Museum nur noch in Kombination mit Führung: *Mi, Do 13.30 und 15 Uhr, Sa 11, 12, 14 Uhr, Van Zandvlietplein 1, Kombiticket: 7,50 Euro, www.dekuip.nl*

Maritiem Museum
★ Geschichte der Seefahrt und des Hafens. Sehenswert das *Museumsschiff Buffel,* ein restauriertes Rammschiff der niederländischen Marine. *Di–Sa 10–17, So 11–17 Uhr, Eintritt 3,50 Euro (MJK), Leuvehaven 1, www.maritiemmuseum.nl*

Wohnkultur im »Boijmans«

Schielandhuis
Stadtgeschichtliches Museum in einem Haus von 1655. *Di–Fr 10–17, Sa, So 11–17 Uhr, Eintritt 2,70 Euro (MJK), Korte Hoogstraat 31*

ESSEN & TRINKEN

Blue Mekong
Bescheidenes thailändisches Restaurant. Bei drei herrlichen Angeboten von Reistafeln hat man die Qual der Wahl. *Do–Sa ab 18 Uhr, Proveniersstraat 29a, Tel. 010/466 04 39, €€*

De Pappegay
Im Museum des Schielandhauses ist dies eine gute Adresse für einen Mittagsimbiss. *Di–Fr 10–17, Sa, So 11–17 Uhr, Tel. 010/411 72 32, Korte Hoogstraat 31, €*

Zilt Eten & Trinken
Brasserie mit großer Terrasse am Wasser. *Im Sommer ab 13, im Winter ab 18 Uhr, Tel. 010/290 90 91, Vrij Entreport, Cargadoorskade 107, €–€€*

EINKAUFEN

Die Hauptstraße des Zentrums ist *Coolsingel.* Von dort bummelt man am besten zu den folgenden Punkten: *Lijnbaan,* erste Fußgängerzone Europas, *Plaza,* das überdachte Geschäftszentrum, *Beurstraverse* und zum *Noorderboulevard.* In der *Witte de Withstraat:* Bistros, Cafés, Buchhandlungen und Galerien. Di und Fr ist Markttag bei der St. Laurenskerk.

ÜBERNACHTEN

Delta Hotel
Modernes Haus am Wasser mit Aussicht auf den Hafen. *78 Zi., Maasboulevard, Tel. 010/4344 77, Fax 434 95 25, www.deltahotel.nl, €€*

New York
Stilvoll im ehemaligen Abfertigungsgebäude für Passagierschiffe an der Maas mit 72 komfortablen Zimmern. Restaurant. *Koninginnehoofd 1, Tel. 010/439 05 00, Fax 484 27 01, www.hotelnewyork.nl, €€–€€€*

Van Walsum
Ruhig gelegenes Hotel mit Garten. *29 Zi., Mathenesserlaan 199–201, Tel. 010/436 32 75, Fax 436 44 10, www.hotelvanwalsum.nl, €*

AM ABEND

Ein viel besuchtes Jazzcafé ist *Dizzy's (Gravendijkwal 127)*, außerdem sind *Hallo (Stadhuisplein 43), Baja (Karel Doormanstraat 12)* und *Royal (Vierhavenstraat 135–137)* beliebte Diskotheken. Das *Maastheater (Boompjes 715)* kann von 1200 Personen besucht werden. Außerdem: Tanz, Podium, Festsaal, Theater, Nachtclub und italienisches Restaurant. Das größte Filmtheater ist das *Pathé (Schouwburgplein 101)*. Filmkunst zeigt *Lantaren (Gouvernestraat 133)*. Im *Spielcasino (Plaza Complex, Weena 624, tgl. 13.30–3 Uhr)* werden korrekte Kleidung und Pass verlangt.

AUSKUNFT

VVV
Coolsingel 67, Mo–Do und Sa 9–19, Fr 9–21, So 10–17 Uhr, Tel. 0900/403 40 65 (35 Cent/Min.) und 010/402 32 00, www.vvv.rotterdam.nl

ZIELE IN DER UMGEBUNG

Biesbosch **[129 D4–5]** Insider Tipp
Der Nationalpark Biesbosch (Binsenwald), ein großes Vogelschutzgebiet, ist gut mit Rad- und Wanderwegen erschlossen, Gelegenheiten zum Segeln und Kanufahren bieten sich auch. *20 km südöstlich*

Delfshaven **[127 F3]**
Der heutige Ortsteil von Rotterdam, von Bombadierungen im Zweiten Weltkrieg verschont geblieben, diente im Mittelalter und später als Hafen. Von hier aus starteten die Pilgrim Fathers 1620 nach Amerika.

Hoek van Holland **[127 D2]**
Fährhafen nach England, wegen seines Strandes beliebt. Empfehlenswert ist das Restaurant *Sand* (Insider Tipp) mit Terrasse *(im Sommer tgl. ab 12, im Winter ab 18 Uhr, Zeekant 125, Tel. 0174/ 38 25 03, €€)*.

Schiedam **[127 F3]**
Der Ort, seit 1275 mit Stadtrechten versehen, ist vor allem als Geneverstadt bekannt geworden. Ende des 19. Jhs. zählte das ehemalige Fischerdorf 400 Brennereien. Das historische Stadtbild wird beherrscht von den ★ fünf Mühlen, von denen zwei mit 33 m zu den höchsten der Welt zählen. In der Mühle *De Noord* (1803) ist ein Restaurant untergebracht, die Mühle *De Nieuwe Palmboom* (1781) bietet Raum für ein Mühlenmuseum (*Noordvest 34, Di–Sa 11–17, So 12.30–17 Uhr, Eintritt 3,90 Euro, Führungen nach Vereinbarung, Tel. 010/426 76 75)*.

VICTORY
Grachten rondvaart
Alkmaar
5117750

Zu Besuch im Land der Meistermaler

Polder, Strände und gemütliche Städte: Die »Halbinsel Holland« lädt ein zu einer Entdeckungsreise

Die Landschaft ist weit, der Himmel scheint so hoch zu sein wie nirgendwo sonst. Der Wind bläst kräftig, kräuselt das Wasser, zerzaust die Bäume und trägt Gerüche von frischem Land und brackigem Wasser mit sich. Eine Duftnote, die unnachahmlich die Polderlandschaft prägt. Die Bauern behaupten, dass man in dieser Gegend morgens bereits die Gäste in der Ferne sieht, die einem mittags den Genever austrinken.

Die Weite der flachen Landschaft bot sich Malern wie Hendrick Avercamp (1596–1658) und Jacob von Ruisdael (1628–1682) als Thema an. Und über dem Land die Wolken, jene bekannten Kumulusgebilde, als Stapelwolken umschrieben, die typisch sind für die Bilder der alten Meistermaler. Historische Städte wie Alkmaar, Enkhuizen, Hoorn, Haarlem oder Monnickendam haben sich in ihren Zentren einen gemütlichen Charakter bewahrt, umschlossen von Vorortsiedlungen, Gebieten mit Gewächshäusern, Industrie, Blumenzuchtfeldern und Bauernland.

Eine Grachtenfahrt in Alkmaar führt an der Stadtwaage vorbei

Die Strände werden immer weiter. Mehrere Millionen Kubikmeter Sand werden Jahr für Jahr von Den Helder im Norden der Provinz Nordholland bis zur Mündung des Nordseekanals ins Meer bei Ijmuiden durch Sandspülungen aufgeschüttet, um zu verhindern, dass die Küste weiter abgetragen wird. In erster Linie soll damit die Küste und das wertvolle Polderland, das unterhalb des Meeresspiegels liegt, geschützt werden. Aber Sandspülungen haben gleichzeitig einen willkommenen Nebeneffekt: Der Strandtourismus in dieser Region wird gefördert. Beliebte Badeorte wie Bergen, Egmond, Schoorl oder Zandvoort profitieren davon.

ALKMAAR

[118 A–B5] Der Käsemarkt, der jeden Sommer regelrecht inszeniert wird, ist die touristische Attraktion der küstennahen Stadt. Ihre Blütezeit erlebte sie nach dem 80-jährigen Krieg gegen Spanien im ausgehenden 16. Jh. Alkmaar (95 000 Ew.), seit 1254 mit Stadtrechten versehen, hat ein historisches Zentrum mit Grachten, Gassen und mehr als 400 denkmalgeschützten Häusern.

SEHENSWERTES

Grachten
An den Grachten Luttik Ouddorp, Verdronken Oord und Oude Gracht sind noch zahlreiche Giebelhäuser aus dem 17. Jh. zu sehen.

Grote Kerk
Die spätgotische St. Laurenskerk (erbaut 1470–1516) besitzt eine mächtige Kirchenorgel, die als eine der ältesten des Landes gilt. *Koorstraat*

Alkmaar ist ein wichtiger Umschlagplatz für Käse

Mühle Van Piet
Zeugin der Vergangenheit ist die Getreidemühle Van Piet, die sich noch immer dreht. *Ritsevoort, Fr und Sa 10–17 Uhr*

Rathaus (Stadhuis)
Das um 1500 errichtete Rathaus macht mit seinem markanten Turm auf sich aufmerksam. *Langestraat 97*

EINKAUFEN

Märkte
Wer Appetit auf frischen Fisch hat: Am Mient findet jeden Freitagmorgen ein *Fischmarkt* statt. Ebenfalls am Freitag stapeln sich die Käselaibe auf dem Platz an der Stadtwaage. Der *historische Käsemarkt* zieht viele Touristen an *(April–Sept. Fr 10–12.30 Uhr).*

AUSKUNFT

VVV
Alkmaar, Waagplein 3, Tel. 072/ 511 42 84, Fax 511 75 13 97

ZIEL IN DER UMGEBUNG

Den Helder/ Fort Kijkduin **[118 B1]**
Napoleon wollte aus der Hafenstadt im Nordwesten ein »Gibraltar des Nordens« machen, weshalb er 1811 *Fort Kijkduin* bauen ließ. Heute ist dieses ehemalige Verteidigungsbauwerk ein Museum mit einer Abteilung für Armeegeschichte. Zum Museum gehört auch ein Aquarium. Besucher können durch einen Glastunnel zwischen den Fischen herumspazieren. *Tgl. 10–18 Uhr, Führung 11, 13, 15 Uhr, Eintritt: 6,20 Euro, Admiraal Verhuellplein 1, www.fortkijkduin.nl*

MARCO POLO Highlights »Rund ums IJsselmeer«

★ **Bergen**
Mit seinen Landhäusern ein besonders reizvoller Ort (Seite 53)

★ **Haarlems Altstadt**
Das Haarlemer Zentrum ist für viele Menschen Einkaufsvergnügen pur (Seite 60)

★ **Schokland**
Ehemalige Insel mit historischer Warftkirche und alten Gebäuden (Seite 58)

★ **Zaanse Schans**
Freilichtmuseum mit gepflegten Holzhäusern, Mühlen und alten Läden (Seite 61)

BERGEN

[118 A5] ★ Die ehemalige Malerkolonie Bergen, durch eine Parkallee mit dem Badeplatz Bergen aan Zee verbunden, ist von einem Waldgebiet umgeben. Ein breiter Sandstrand und das weite Dünengebiet, durch das man wandern und radeln kann – etwa nach Schoorl oder Egmond –, geben Bergen eine besondere Note. Bergen war um die Jahrhundertwende als Erholungsort bei wohlhabenden Kaufleuten und Künstlern aus Amsterdam beliebt. Es hat sich seinen Charme bis heute bewahren können. Die vielen schönen, teilweise reetgedeckten Villen sind typisch für das Dorf. Eine Ausstellung von Werken der Bergener Schule in einer der alten Villen erinnert an die Zeit der Maler.

ESSEN & TRINKEN

De kleine Prins
In dem kleinen, feinen Restaurant werden schmackhafte Gerichte serviert. *Mi–So 18–23 Uhr, Oude Prinsweg 29, Tel. 072/589 69 69,* **€€–€€€**

't Strooie Huys
Unter dem Strohdach genießt man vegetarische Küche. Es gibt auch 10 einfach eingerichtete Zimmer. *Do–Di 17–20 Uhr, Burg Peecklaan, Schoorl, Tel. 072/509 12 60,* **€**

ÜBERNACHTEN

Hotel Boschlust
Kleines Hotel mit Bauernhofflair. Restaurant. *21 Zi., Kruisweg 60, Tel. 072/581 20 60, Fax 589 84 79,* **€€**

Merlet
Komfortables Landhaus, in den Dünen gelegen. Ausgezeichnetes Restaurant. *18 Zi., Duinweg 15, Schoorl, Tel. 072/509 36 44, Fax 509 14 06, www.merlet.nl,* **€€€**

AUSKUNFT

VVV
Bergen, Plein 1, Tel. 072/ 581 31 00, Fax 581 38 90

ZIEL IN DER UMGEBUNG

Egmond aan Zee **[118 A5]**
Viel besuchter und quirliger Badeort, guter Strand und zahlreiche Gelegenheiten zu Wanderungen im Dünengebiet. Im Dorf stand das Stammschloss der Grafen von Egmont, das 1573 von Spaniern zerstört wurde. Die Ruinen können besichtigt werden.

EDAM

[123 F1] Weltberühmt wurde die Kleinstadt (25 000 Ew.) durch die rot und gelb verpackten, kugelrunden Käse, die hier schon im 17. Jh. verkauft wurden. Zu jener Zeit war Edam eine blühende Hafenstadt mit 30 Werften, auf denen die Segler gezimmert wurden, die die Reichtümer aus den Kolonien holten. Die strenge Backsteinkirche überragt den sehr ruhigen Ort. An der Waage: Käsemarkt mittwochmorgens in den Monaten Juli und August.

ESSEN & TRINKEN ÜBERNACHTEN

Damhotel
Im Herzen des Ortes liegt das urgemütliche Café und Restaurant mit holländischen Spezialitäten. Auch 10 Zimmer. Insider Tipp Zimmer Nr. 7 ist mit Himmelbett ausgestattet, man blickt auf die Gracht. *Keizersgracht 1, Tel. 0299/37 17 66, Fax 37 40 31, www.damhotel.nl,* €€

De Fortuna
Romantisch gelegen, im altholländischen Stil, feine Küche. Die Zimmer sind über 5 Häuser verteilt. *23 Zi., Spuistraat 3, Tel. 0299/ 37 16 71, Fax 37 14 69, www.fortuna-edam.nl,* €€–€€€

ZIELE IN DER UMGEBUNG

Broek in Waterland **[123 F2]**
Ein Hollandidyll: gut besuchtes Dorf mit hübschen Holzhäuschen. Das besonders malerische Viertel ist *Havenrak,* einst der Ortshafen. Gemütlich sitzt man im Insider Tipp Café *De Witte Swaen (Dorpsstraat 11/13, tgl. 12–21 Uhr).* Spezialität: Pfannkuchen.

Monnickendam **[123 F2]**
Der früher so reichen Stadt sieht man ihre ruhmreiche Vergangenheit nur noch an einigen Bürgerhäusern, dem Rathaus und der Grote Kerk (14. Jh.) an. Gemeinsam mit Hoorn und Enkhuizen gehörte Monnickendam (11 000 Ew.) damals zu den großen Hafenstädten, bis es vom Konkurrenten Amsterdam überflügelt wurde und verfiel. Vom Spielturm (16. Jh.) erklingt regelmäßig ein Glockenspiel. Yachthafen, Insider Tipp Aalräuchereien und zahlreiche Imbisse mit Fischsnacks am Wasser.

Volendam **[124 A1]**
Das Markenzeichen von Käsefrau Antje aus der Werbung, die Spitzenhaube *hulletje,* wurde in diesem turbulenten Fischerdorf erfunden. Es hat als Werbeträger bereits Sängern und Fußballern zum Erfolg verholfen. Mit Stolz tragen die Fischer noch ihre Pluderhosen und die Frauen ihre gestreiften Schürzen. Interessant die Holzkirche von 1685, kurios das Insider Tipp *Hotel Spaander* am Hafen wegen seiner altholländischen und künstlerischen Atmosphäre. Mit Restaurant *(80 Zi., Ha-*

Das Museumsdorf Marken zeigt, wie die Fischer in früheren Zeiten lebten

ven 15, Tel. 0299/36 35 95, Fax 36 96 15, www.spaander.nl, €€). Vom Hafen aus fahren Boote nach Marken, einer früheren Fischerinsel (man kann sie auch über einen Damm, 1957 gebaut, erreichen). Das Museumsdorf Marken ist das calvinistische Gegenstück zum lebensfrohen katholischen Volendam. Die Holzhäuschen sind in Grün, Silbergrau oder Teerschwarz gestrichen. Wie die Fischerfamilien früher wohnten, sehen Sie bei *Sijtje Boes (Havenbuurt 21, März–Okt. Mo–Sa 9–18 Uhr).*

Insider Tipp

ENKHUIZEN

[119 E4] Die Stadt (17 000 Ew.) ist heute als Wassersportzentrum bekannt. Im Buitenhaven liegen dicht an dicht die historischen Boote, mit denen man übers IJsselmeer, zu den Nordseeinseln, nach Dänemark, England oder Norwegen segeln kann. Als das IJsselmeer noch Zuiderzee hieß, war es Teil der wichtigsten Handelsroute für die Segler, die aus Asien, der Ostsee und dem Nordmeer nach Holland kamen.

SEHENSWERTES

Patrizierhäuser

Dass Enkhuizen seine große Blütezeit im 16. und 17. Jh. hatte, kann man noch an den Fassaden und Giebeln der Bürgerhäuser in der Westerstraat sehen.

Stadtbefestigung

Von der Stadtbefestigung steht noch der mächtige Rundturm, *Dromedaris* genannt, der während der Kolonialzeit Gefängnis war. Vom Turm hat man einen schönen Rundblick über Hafen und Stadt. *Am Hafen*

Insider Tipp

Dicht an dicht liegen die Segelboote in Enkhuizens Buitenhaven

Stadtwaage (De Waag)
Im Stil der Frührenaissance (1599) errichtetes Haus. *Kaasmarkt*

St. Pancraskerk
Überragt wird Enkhuizen vom 75 m hohen Turm der St. Pancraskerk (16. Jh.) mit seinem Glockenspiel *(Juli, Aug. Mi 20–21 Uhr).*

MUSEEN

Buddelschiffmuseum
Hinter dem Portal in der Westerstraat 73 befindet sich ein *hofje*, ein in sich abgeschlossener Wohnhof, in dem dieses Museum mit seinen 700 Buddelschiffen untergebracht ist. *Tgl. 10–18 Uhr, Eintritt 3 Euro (MJK), Zuiderspui 1*

Museum Zuiderzee
Es birgt gleich zwei Museen: Das Innenmuseum, ein Lagerhaus der Vereinigten Ostindischen Kompanie aus dem 17. Jh., stellt Boote, Möbel, Trachten, Gemälde und vieles mehr aus. Das rund 500 m entfernte Freilichtmuseum dokumentiert die fast vergessene Handwerker- und Fischereikultur rund um die frühere Zuiderzee. Auf einem weiten Areal, durchzogen von Kanälen, wurden rund 135 Gebäude aus Dörfern originalgetreu wieder aufgebaut und im Stil ihrer Zeit (1880–1932) eingerichtet. Aus Kollum kommt die Dorfschule, aus Hoorn die Apotheke, von Urk Fischerhäuser, die Kalköfen aus Akersloot. In der Wäscherei, dem Bootshaus und der Korbflechterei wird gearbeitet; Krämerläden und Café sind geöffnet, frisch geräucherten, noch warmen Aal oder Bückling gibt's in der Räucherei. Auf dem Kindereiland wird in »Siberie« das Leben um 1930 nachgespielt. *Innenmuseum tgl. 10–17 Uhr, Freilichtmuseum April–Ende Okt. tgl. 10–17, Juli bis Aug. bis 18 Uhr, Eintritt 9 Euro (MJK), www.zuiderzeemuseum.nl*

Inside Tipp

ÜBERNACHTEN

De Port van Cleve
Ein Hotel mit historischem Charme und elegantem Restaurant. Die 26 Zimmer sind teilweise altmodisch, teilweise modern möbliert. *Dijk 74 bis 78, Tel. 0228/31 25 10, Fax 31 87 65, €€*

ZIELE IN DER UMGEBUNG

Goldener Zirkel
An den Ufern des IJsselmeers, der früheren Zuiderzee, findet man das historische Dreieck der altholländischen Städte von Edam bis Medemblik – Kunst- und Kulturgeschichte sowie Natur. Sie können kombinierte Boots- und Fahrradtouren buchen. *Tel. 0800/250 50 50, www.goudencirkel.nl*

Medemblik **[119 D3]**
Von Enkhuizen aus können im Sommer Ausflüge mit dem Boot nach Medemblik, dem ältesten Ort Westfrieslands (aus dem 10. Jh.), unternommen werden. Vor dem Bau des Abschlussdeichs war Medemblik ein Handelshafen, heute ist der Ort vor allem Ziel für Wassersportler. Sehenswert sind die spätgotische Hallenkirche *St. Bonifatius* (15./16. Jh.) und *Schloss Radboud* (1288). Die Burg wurde im 18. Jh. restauriert und ist heute Kulturzentrum. Zwischen Medemblik und Hoorn verkehrt eine historische Eisenbahn *(Ostern bis Ende Okt., Tel. 0229/21 48 62)*. Ein angenehmes und modernes Haus ist das *Tulip Medemblik* mit 26 Zimmern *(Oosterhaven 1, Tel. 0227/54 38 44, Fax 54 23 97, €€)*.

Insider Tipp

FLEVOLAND

[124–125 A–F 1–4] Bei der Reise durch die »Meeresprovinz« wird man immer wieder daran erinnert, wie dem Wasser Land abgerungen wurde. Flevoland ist die jüngste Provinz der Niederlande: eine aus dem Meer gewonnene Kunstlandschaft, bis zu 5 m unter dem Meeresspiegel liegend – und platt wie ein Billardtisch. Die Hauptstadt von Flevoland, *Lelystad* **[124–125 C–D1]**, sowie eine Vielzahl von Dörfern sind auf dem Reißbrett entstanden.

Alles Käse!

Seit dem 17. Jh. genießt das Land Ansehen als Käsenation

Als Besucher kann man nur darüber staunen, wie hauchdünn der Käse im Käseland geschnitten wird. Mit dem handelsüblichen *kaasschaaf*, einem speziellen Hobel, erlangt er eine köstliche Transparenz. Im 17. Jh. wurde der Käse noch von Hand hergestellt. Heute gibt es mehr als drei Dutzend Fabriken, in denen Gouda, Leerdamer und Edamer am Fließband produziert werden. In der friesischen Hauptstadt Leeuwarden wurde der Mutterkuh Us Mem gar ein Denkmal gesetzt.

Das 141 000 ha große Feriengebiet besitzt 21 Yachthäfen mit rund 7000 Liegeplätzen, zahlreiche Bungalowdörfer sowie das Vogelschutzgebiet *Oostvaardersplassen* mit Seen, Sumpf und Wäldern. Mit Unterstützung der EU werden in Flevoland Straßen, Eisenbahnlinien sowie Forschungs- und Kulturzentren gebaut.

SEHENSWERTES

Batavia-Werft **[124 C1]**
Die fast 60 m lange »Batavia«, die während ihrer ersten Reise vor der Küste Westaustraliens sank, wurde rekonstruiert. Zurzeit wird an dem Admiralitätsschiff »Zeven Provinciën« aus dem Jahre 1665 gearbeitet. Der Stapellauf ist für 2005 geplant. Im Besucherzentrum gibt es Werkstätten und eine Taverne. *Tgl. 10–17 Uhr, Eintritt 8 Euro, Oostvaardersdijk, Lelystad, www.bataviawerf.nl*

MUSEUM

Nieuw Land Poldermuseum **[124 C1]**
In dem in einem futuristischen Gebäude beheimateten Museum wird die beeindruckende Geschichte des niederländischen Kampfes gegen das Wasser (teilweise interaktiv) erzählt. Alte Filme und Fotos veranschaulichen die Landgewinnung und den Deichbau. *Mo–Fr 10–17, Sa, So 11.30–17 Uhr, Eintritt 4,50 Euro, Oostervaardersdijk, www.waterland.net/nieuwland*

AUSKUNFT

Tourist Information
Postfach 548, 8200 AM Lelystad, Tel. 0320/28 67 50, Fax 25 80 80, www.saturnus.nl/vvvf, Buchungszentrale Tel. 0800/250 50 50

ZIELE IN DER UMGEBUNG

Schokland **[120–121 C–D5]**
★ Schokland, eine ehemalige Insel, wurde 1996 von der Unesco zum Weltkulturerbe erklärt. Das winzige Anwesen besteht aus einer kleinen Kirche, einigen Häusern, Museum und Restaurant. *April–Okt. Di–So 11–17 Uhr, Nov. bis März Fr–So 11–17 Uhr, www.natuurlijk-schokland.nl*

Urk **[120 B5]**
Das bereits im Jahre 966 erwähnte Fischerdorf Urk war bis 1939 ebenfalls eine Insel in der Zuiderzee. In dem frommen Ort mit seinen 17 Kirchen ist das Arbeiten am Sonntag noch immer verboten. Lebendig ist es am Freitag, wenn die Fischtrawler, die modernsten Hollands, vom Fang zurückkehren. Schiffseigner und Polizei passen auf, dass niemand eine Kiste mit Seezungen blitzschnell in einem Kofferraum verschwinden lässt. Vom alten Leuchtturm, direkt am Wasser, hat man einen herrlichen Panoramablick über das Dorf. Am Hafen gibt es einige Fischrestaurants, u. a. *De Kaap, tgl. 12–22 Uhr, Wijk 1, Nr. 5, Tel. 0527/68 15 09,* **€€**.

HAARLEM

[122–123 C–D 2–3] Die Blumenstadt, nur 7 km von der Nordseeküste entfernt, ist umgeben von einem Dünen- und Waldgebiet und gilt als die interessanteste Einkaufsstadt des Landes. Die Hauptstadt der Provinz Nordholland (150 000

Ew.) hat eine intakte historische Innenstadt. Haarlem ist etwas älter als Amsterdam; es erhielt 1245 die Stadtrechte. 1573 wurde es während des 80-jährigen Krieges gegen Spanien 7 Monate lang belagert. Seine wirtschaftliche Blüte erreichte Haarlem nach dem Ende der spanischen Herrschaft durch den Zuzug von Flüchtlingen aus Flandern. In dieser Zeit galt es als kulturelles Zentrum Hollands.

Zahlreiche Künstler, Baumeister und Maler wohnten hier. Berühmtester Maler der Stadt war Frans Hals, dem hier ein Museum gewidmet ist.

SEHENSWERTES

Insider Tipp

Bahnhof

Ein Kleinod aus den Kindertagen der Eisenbahn, 1908 im Jugendstil mit Elementen aus Kacheln und Holz errichtet. Zwischen Amsterdam und Haarlem fuhr 1839 die erste Eisenbahn des Landes.

Grote Markt

Der Grote Markt mit St. Bavo, dem Rathaus im Stil der holländischen Renaissance und der Vleeshal (Ausstellungen moderner Kunst) hat sich seit dem 17. Jh. kaum verändert. Zahlreiche Cafés und Restaurants, etwa das *Grand Café Brinkmann* (beliebter Treffpunkt), das *Loft* (modern und trendy) und die historische Kneipe *In den Uiver.*

St. Bavo (Grote Kerk)

Das auffallendste Gebäude der Stadt ist die spätgotische Kreuzbasilika St. Bavo (14.–16. Jh.) am Grote Markt, gekrönt vom 80 m hohen, schlanken Turm. Der Großteil des Kircheninneren stammt noch aus der Zeit vor der Reformation, und das klingende Schmuckstück ist die weltberühmte Orgel, 1738 von Christian Müller erbaut. Händel, Mozart, Schubert, Liszt und Schweitzer spielten hier. *Orgelkonzerte Mai–Okt. Di abends, Aug. Do 15–16 Uhr, Grote Markt*

St. Bavo Kathedraal

Im westlichen Stadtteil an der Leidsevaart erhebt sich der eindrucksvolle Kuppelbau mit neugotischen und arabischen Stilelementen. St. Bavo, errichtet 1927–1930, ist 100 m lang, 42 m breit und 61 m hoch. Schatzkammer mit goldenen und silbernen Sakralgegenständen.

MUSEEN

Cruquiusmuseum

Dort, wo früher das Wasser des Haarlemmermeers plätscherte, befindet sich heute der Amsterdamer Flughafen Schiphol. Wie es zu dieser Aufpolderung gekommen ist, wird in diesem Museum sehr anschaulich gezeigt. *März–Okt. Mo bis Fr 10–17, Sa, So 11–17 Uhr, Cruquiusdijk 27, Eintritt 3 Euro, www.cruquiusmuseum.nl*

Frans Hals Museum

Werke der Maler der Haarlemer Schule, die als Wegbereiter der niederländischen Malerei gelten, bilden den Schwerpunkt. Höhepunkt ist der eindrucksvolle Zyklus der acht Gruppenbilder Haarlemer Regenten und Schützengilden (Schutters) von Frans Hals. Weitere große Maler: Jan van Scorel, Maerten van Heemskerck. Außerdem Stilmöbel, Silberschmuck, eine rekonstruierte Apotheke, ein historisches Puppenhaus sowie Werke

»Festmahl der St.-Adrian-Schützengilde« von Frans Hals

zeitgenössischer Maler aus der Gegend Nordhollands. Im Zentrum des Vierflügelbaus befindet sich ein Insider Tipp schöner Museumsgarten. Von der einen Pforte schaut »Pessimist« Herakles herunter, von dem anderen Tor der »Optimist« Demokrit. *Mo–Sa 11–17, So 13–17 Uhr, Eintritt 5,50 Euro (MJK), Groot Heilig-Land 62, www.franshalsmuseum.nl*

Teylers Museum
Das älteste Museum der Niederlande wurde vom reichen Tuchhändler Pierre Teyler von der Hulst 1778 gegründet. In neoklassizistischer Umgebung wird eine bunte Kollektion zu den Themen Wissenschaft, Zoologie, Kunst ausgestellt. Zu sehen sind auch Zeichnungen u. a. von Rembrandt, Raffael und Michelangelo. *Di–Sa 10–17, So 12–17 Uhr, Eintritt 4,50 Euro (MJK), Spaarne 16, www.teylersmuseum.nl*

ESSEN & TRINKEN

De Componist
Die beste Adresse der Stadt in einem ehemaligen Art-déco-Laden. Die Menüs sind mutig komponiert. *Tgl. 17.30–22 Uhr, Korte Veerstraat 1, Tel. 023/532 88 53,* €€€

De Gekroonde Hamer
Vorbildliches Restaurant mit gut zubereiteten Speisen, in dem wirklich alles harmonisch ist. *Tgl. außer Mi 17.30–22 Uhr, Breestraat 24, Tel. 023/531 22 43,* €€

De lachende Javaan
Fernöstliche Küche mit Schwerpunkt Java, die den Gaumen kitzelt. *Di–So 18–22 Uhr, Frankestraat 27, Tel. 023/532 87 92,* €€

Taverne de Waag
Romantisches Lokal, historische Umgebung. *Di–So 16–1 Uhr, Damstraat 29, Tel. 023/531 16 40,* €

EINKAUFEN

★ Wo Einkaufen viel Freude macht: Im Zentrum findet man viele kleinere Geschäfte, *winkel* genannt. Rund um den Marktplatz, entlang der Gedempten Oude Gracht, in der Zijl- und der Kruisstraat gibt es die meisten von ihnen, u. a. *Voet en Zon* (Tabak), *Kruisstraat 39, Haarlemer Halletjes* (Schokolade), *Kruisstraat 37, Van der Pigge, Gierstraat 3,* ferner der Seifenmacher *La Savonnière,* das Modegeschäft *Versato, die* Buchhandlung *Willa Reinke* und die Patisserie *De Taart van m'n Tante.*

ÜBERNACHTEN

Carillon
Bequemes Stadthotel direkt am Marktplatz. *21 Zi., Grote Markt 27, Tel. 023/531 05 91, Fax 531 49 09,* €€

Art déco im Grand-Café Brinkmann

AM ABEND

Treffpunkt ist der Grote Markt mit mehreren Restaurants und Cafés, z. B. dem *Café De Lift (Mo–Do 11–2, Fr, Sa 11–4, So 13–2 Uhr, €€)* oder das *Grand-Café Brinkmann (Brinkmannpassage 41, Mo bis Fr 9–24, Sa, So bis 2 Uhr, €€).*

AUSKUNFT

VVV

Haarlem, Stationsplein 1, Tel. 0900/ 616 16 00, Fax 023/534 05 37, www.noordholland/tourist.nl

ZIELE IN DER UMGEBUNG

Beverwijk **[123 D1]**

Mit 3000 Ständen in 5 Hallen ist der Beverwijkse Bazaar gigantisch. Von Kräutern und Gewürzen bis zu Trödel und Kleidung (auf dem Zwarte Markt) findet man so ziemlich alles. *Sa 8.30–16.30, So bis 17.30, Eintritt Sa 2,80, So 3,20 Euro. Über A 9 Haarlem–Alkmaar, dann Afslag A 22*

Ijmuiden **[122 C2]**

Der Vorhafen von Amsterdam und Hollands größter Fischereihafen entstand 1875 fast zeitgleich mit dem Nordseekanal. Die Sehenswürdigkeiten von Ijmuiden sind die vier Schleusen, von denen die *Noordersluis* von 1929, 50 m breit, 15 m tief und 400 m lang, die größte Europas ist. Von der Seebrücke beim *Zuiderpier* hat man einen guten Blick auf die ein- und auslaufenden Schiffe. Schöner Strand bei Ijmuiderslag. Es gibt mehrere gute Fischrestaurants, z. B. *Imko's (Di–So 12–14.30 Uhr, Sa nur abends, Halkade 9c, Tel. 0255/51 75 26, €€€)* oder *Augusta:* leckere, kreative Küche in romantischer Umgebung *(Mo–Fr ab 12, Sa, So ab 18 Uhr, Oranjestraat 98, Tel. 0255/51 42 17, €€).*

Zaanse Schans **[123 E2]**

★ Zaanse Schans ist ein adrettes *Freilichtmuseum (tgl. 10–17 Uhr)* mit gepflegten grünen Holzhäusern und weißen Fensterläden, alten Lädchen und wuchtigen *Mühlen,* von denen man drei besichtigen kann *(Mitte März–Mitte Okt. tgl. 8.30–17 Uhr).* Um 1900 gab es hier noch mehr als 100 Mühlen. Angeboten werden auch *Rundfahrten auf der Zaans* in kleinen Booten. Schön am Wasser gelegen ist das Restaurant *De Hoop op d'Swarte Walvis:* phantasievolle, aber teure Küche *(Mo–Fr 12–14.30, 18–24, Sa ab 18 Uhr, Kalverringdijk, Tel. 075/ 616 56 29, €€€).*

Zandvoort [122 C3]
Gemeinsam mit Scheveningen und Renesse gehört Zandvoort (16 000 Ew.) zu den besonders beliebten Urlaubszielen an der holländischen Nordseeküste. An der Promenade am Meer stehen die Hotel- und Apartmentkomplexe. Hier findet während der Sommersaison das statt, was man gemeinhin als »Massentourismus« bezeichnet – jährlich zieht es rund 1,5 Mio. Besucher in diesen Badeort. Wer zum ersten Mal nach Zandvoort kommt, glaubt nicht, dass dies einst ein elegantes internationales Bad gewesen ist, das auch gekrönte Häupter wie Sissi, die Kaiserin von Österreich, aufsuchten und das eine direkte Zugverbindung nach Berlin hatte. Das »Amsterdam aan Zee« ist das Hausbad der Hauptstädter und ein beliebtes Tagesziel für Deutsche aus dem Ruhr- und Rheingebiet. Typisch sind die Fischkarren am Strand mit sehr geschäftstüchtigen Verkäufern. Hinter dem alten Leuchtturm in Richtung Noordwijk liegen ein FKK- und ein von Homosexuellen bevorzugter Strand.

Die Ferienstadt zwischen dem Nationalpark Kennemer Duinen und dem Nordseestrand ist schon seit über 175 Jahren Seebad. Noch wird das Zentrum von Imbissbuden, Eisdielen und dem bunten Spielzentrum *Circus Zandvoort* beherrscht. Aber Zandvoort versucht nun, den ursprünglichen Charakter im Dorfkern nach dem Vorbild des flämischen Seebads Blankenberge aufzuwerten und seinen guten alten Ruf zurückzugewinnen

Hinter dem Badeort erstreckt sich das großartige Naturschutzgebiet *Kennemer Duinen* mit seinen weiten Dünenfeldern, schattenspendenen Waldgebieten und zahlreichen Rad- und Wanderwegen. Es dient außerdem als Trinkwasserreservoir für Amsterdam.

Villenvororte wie *Bloemendaal* prunken mit Landsitzen am Rand der Bollenstreek, des von Mitte März an blühenden Blumenlandes. Große Auswahl an einfachen Pensionen. In den Dünen liegt der *Bungalowpark Gran Dorado* und am Strand das mit Hallenbad ausgestattete *Gran Dorado Strandhotel (118 Zi., Tel. 023/572 00 00, Fax 573 00 00, www.grandorado.com, €€€)*. Das Familienhotel *Zuiderbad*, am Strand gelegen, ist einfach eingerichtet *(26 Zi., Bld. Paulus Loot 5, Tel. 023/571 26 13, Fax 571 31 90, www.hotelzuiderbad.nl, €€)*. Außerdem: Camping *De Branding (Tel. 023/571 30 35, Fax 571 92 83)* und *De Duinrand (Tel. 023/571 24 12, Fax 573 45 29, beide Boulevard Barnaart)*.

HOORN

[119 D5] Zwei Hoorner Söhne haben die Stadt weltberühmt gemacht: Abel Tasman (1603 bis 1659), Entdecker von Neuseeland und Tasmanien, und Willem Schouten (1580–1625), der 1616 die Vorgebirge von Südamerika umsegelte und sie nach seiner Vaterstadt benannte: Kap Hoorn. Hoorn (60 000 Ew.) wurde im 14. Jh. von norddeutschen Kaufleuten gegründet und erhielt 1357 das Stadtrecht. Im 18. Jh. – als Folge der englischen Kriege – trat der Verfall ein, im 19. Jh. wurden sogar die alten Hafenbecken zugeschüttet. Tourismus und Wassersport sind heute wichtige Erwerbsquellen.

Die Gegend rund um den Appelhaven, Veermanskade, Grote Noord und um den alten Binnenhaven mit den Giebel- und Lagerhausfassaden ist besonders hübsch. Wer durch die Gassen dieser altholländischen Stadt geht, findet noch Insider Tipp 300 Gebäude aus jener Zeit, als die frühere Hauptstadt Westfrieslands Ausgangspunkt für den Handel zwischen Holland und den Ostseeländern war.

Ein schönes Grand Café am Markt ist *La Bascule (Rode Steen 8, Di geschl.).* Hoorn und Enkhuizen verbindet eine rund Insider Tipp 23 km lange, reizvolle Nebenstraße auf dem Deich – ausgeschildert als Koggen-, Boerenland- oder Zuiderzee-Route.

Viele Fassaden in Hoorn erinnern an die große Zeit der Handelsstadt

SEHENSWERTES

Jan-Pieterszoon-Coen-Denkmal
Jan Pieterszoon Coen, der in Hoorn geboren wurde, war Gründer – und skrupelloser Gouverneur – von Batavia (heute Jakarta). Sein Standbild ziert den Platz vor der Stadtwaage.

Kirchen
Nicht zu übersehen ist der hohe Turm der *Noorderkerk* (1426 gegründet). Eine schöne Wendeltreppe aus Eichenholz (15. Jh.) ist erhalten. Am Grote Oost erhebt sich die spätgotische *Oosterkerk,* um 1450 erstmals errichtet, um 1615 im Renaissancestil erneuert. Besonderheit: Die Kirche ist nach Süden ausgerichtet.

Stadtwaage (Waag)
Im Jahre 1609 von Hendrik de Keyser errichtet, erinnert die Waage an die Zeit der großen Seefahrer. *Roode Steen*

MUSEUM

Westfries Museum
Gegenüber der Stadtwaage birgt das 1632 erbaute *Proostenhuis,* einst Sitz des Rates von Westfriesland, das Westfries Museum mit Sammlungen zur Stadtgeschichte. Auch von außen allein wegen seiner prächtigen Fassade sehenswert. *Mo–Fr 11–17, Sa, So 14–17 Uhr, Eintritt 2,20 Euro (MJK), Rode Steen 1, www.wfm.nl*

AUSKUNFT

VVV
Region West-Friesland, Veemarkt 4, 1621 JC Hoorn, Tel. 0900/403 10 55, Fax 0229/21 50 23

LEEUWARDEN/ FRYSLÂN

[114–115 B–F 1–6] An den Autos sieht man die Aufkleber FRL, und überall weht die friesische Flagge mit den sieben roten Seerosenblättern *(pompebledden)*: Fryslân heißt die eigensinnige Provinz, in der man stolz ist, kein Holländer zu sein. Friesland ist wegen seiner Naturschönheiten und historischen Orte bekannt, vor allem aber als vielseitiges Wassersportparadies beliebt.

In Leeuwarden (Ljouwert) wird man folgendermaßen begrüßt: *Jimme binne tige wolkom:* Sie sind herzlich willkommen in der Provinzhauptstadt von Friesland, in der die fesche Friesin Mata Hari geboren wurde. Mata Hari war in Paris Tänzerin und wurde wegen angeblicher Spionage für Deutschland im Ersten Weltkrieg hingerichtet. Die Stadt (85 000 Ew.) besitzt ein ruhiges Zentrum und schöne Stadtkanäle *(Over de Kelders* und *Voorstreek).*

SEHENSWERTES

Grote Kerk (Jacobijnerkerk)
Die ehemalige Dominikanerkirche stammt aus dem 13. Jh. Im Innern sind die friesischen Mitglieder der Nassauer beigesetzt. *Juni–Aug. Di–Fr 14–16 Uhr, Eintritt frei, Kerkstraat*

Oldehove Toren
Wahrzeichen der Stadt ist der sehr schiefe, 40 m hohe Backsteinturm, von dem man eine schöne Aussicht hat.

MUSEUM

Fries Museum
Ein aus mehreren Gebäuden bestehender Museumskomplex: Ausstellungen zu den Themen Archäologie und Textilverarbeitung, Mata Hari, eine Sammlung von Silberarbeiten des Landes und moderne friesische Kunst. Und im angeschlossenen *Eysingahuis* hat man das Gefühl, bei einer adeligen Friesenfamilie zu Gast zu sein. *Di–So 11–17 Uhr, Eintritt 5 Euro (MJK), Turfmark 11, www.friesmuseum.nl*

Insider Tipp

ÜBERNACHTEN

Bed & Brochje
Das B & B in Friesland kostet pro Nacht und Person rund 15 Euro. Adressen bei der Touristinformation.

Bilderberg Oranje Hotel
Gegenüber dem Hauptbahnhof mit mehreren Restaurants. *77 Zi., Stationsweg 4, Tel. 058/212 62 41, Fax 212 14 41,* **€€€**

AUSKUNFT

NNBT
Postfach 330, 9200 AH Drachten, Tel. 0900/92 22, Fax 0512/58 50 90, www.beleeffriesland.nl

ZIELE IN DER UMGEBUNG

Harlingen (Harns) **[114 B4]**
Als Fährhafen nach Terschelling und Vlieland ist Harlingen ein idealer Ausgangspunkt für Fahrten durchs Wattenmeer. Man sollte sich, bevor man zu den Inseln aufbricht, die Zeit nehmen, um durch das historische Zentrum zu spazieren. Die kleine Seefahrerstadt mit

Die MARCO POLO Bitte

WWF

Marco Polo war der erste Weltreisende. Er reiste in friedlicher Absicht, verband Ost und West. Er wollte die Welt entdecken, fremde Kulturen kennen lernen, nicht zerstören. Könnte er heute für uns Reisende nicht Vorbild sein? Aufgeschlossen und friedlich sollte unsere Haltung auf Reisen sein. Dazu gehören auch Respekt vor Mensch und Tier und die Bewahrung der Umwelt.

den alten Lagerhäusern hat einen geschlossenen Stadtkern mit mehr als 500 historischen Gebäuden.

Im Hannemahuis befindet sich das *Städtische Museum (Voorstraat 56, Juli–Mitte Sept. Di–Sa 10–17, So 13.30–17 Uhr, sonst Mo–Fr 13.30 bis 17 Uhr, Dez.–März geschl., Eintritt 1,60 Euro)*. Eine altfriesische Herberge ist *t'Heerenlogement*, in deren Restaurant Sie mit friesischen Spezialitäten verwöhnt werden *(25 Zi., Franekereind 23–25, Tel. 0517/ 41 58 46, Fax 41 27 62, www.heerenlogement.nl, €–€€)*.

Hindeloopen (Hylpen) **[120 A1]**

Das friesische Seefahrerstädtchen mit der ruhmreichen Vergangenheit als Hansestadt macht einen eher verträumten Eindruck, war aber im 14. Jh. ein wichtiger Fischereihafen und erlebte im 17. und 18. Jh. seine Blütezeit. Die das Stadtbild beherrschende *Kirche* wurde mehrmals umgebaut, zuletzt im 19. Jh. Wahrzeichen ist der wuchtige viereckige *Turm*. Im Zentrum finden Sie einige hübsche *Commandeurshuizen* und alte Holzbrücken. Bekannt ist die Stadt (11 500 Ew.) wegen ihrer blumigen Möbelmalerei und ihrer traditionellen Tracht. Mehrere Ateliers verkaufen Hindelooper Möbel. In der *Marina Hindeloopen* haben 550 Segelboote Platz *(Tel. 0514/52 45 24)*.

Sneek (Snits) **[115 D6]**

Die zweitgrößte Stadt Frieslands (30 000 Ew.) liegt inmitten des friesischen Seengebietes – und wird vor allem von deutschen Freizeitkapitänen besucht. Sneek und Umgebung gelten als Hochburg des Wassersports, alle Seen und Flüsse der Gegend sind miteinander verbunden – ein praktisch unerschöpfliches Wassersportrevier.

Am Sneeker Meer liegt einer der größten Yachthäfen Europas. Im Ortszentrum das Rathaus mit einer für Friesland seltenen Rokokofassade. Das *Wassertor* mit Türmchen (1613) ist Rest der ehemaligen Stadtbefestigung. Im *Fries Scheepvaart Museum* sind Schiffsmodelle, Keramiken und alte Kostüme zu sehen *(Mo–Sa 10–17, So 12–17 Uhr, Eintritt 2 Euro, MJK, Kleinzand 14, www.friesscheepvaartmuseum.nl)*. Insider Tipp

Workum (Warkum) **[114 C6]**

Das Dorf hat schon fast städtischen Charakter. Es gibt mehrere Einkehr- und Übernachtungsmöglichkeiten, beispielsweise *De Herbergh van oom lammert & tante klaasje (6 Zi., Merk 3, Restaurant tgl. 10–21 Uhr, Tel. 0515/54 13 70, €)*.

Zwischen Nordsee und Wattenmeer

So verschieden sie auch sein mögen, eines haben sie gemein: die feinsten und schönsten Sandstrände Europas

Die fünf Westfriesischen Inseln haben einen gemeinsamen Charakterzug: lange Sandstrände an der Nordsee und Deiche auf der Wattseite. Aber natürlich hat auch jede der Inseln ihren eigenen Charakter. Weniger in der Topografie als in der Lebensart ihrer Bewohner. Die Temperaturen sind auf allen Inseln angenehm, die Niederschläge wohldosiert.

★ Inselhüpfen bietet sich an. Die Entfernungen zwischen den Inseln sind nicht groß, allerdings müssen Sie wegen der Tiden ein bisschen Zeit mitbringen, wenn Sie von Texel via Vlieland nach Terschelling oder Ameland mit dem Boot reisen. Ein Drei- und ein Fünf-Insel-Arrangement werden angeboten *(11 Tage ab 630 Euro, inkl. Übernachtung mit Frühstück und Transfers).* Internetinformationen für alle Inseln: *www.vvv-wadden.nl*

AMELAND

[115 D–F1] Die Insel Ameland eignet sich mit ihren zahlreichen, gut

Markenzeichen der »Perlen im Wattenmeer«: feine Strände

Ruhig: Ferienhaus auf Ameland

ausgebauten Radwegen (in regelmäßigen Abständen hängen *Fietspompen,* Fahrradpumpen, am Wege) besonders gut zum Radeln.

Obwohl die Insel – der größte Teil des fast 6000 ha großen Eilandes ist Naturschutzgebiet – nur etwa 3200 ständige Bewohner zählt, bietet sie ihren Gästen weit mehr als ähnlich große Gemeinden auf dem Festland. Bis zu 24 000 Feriengäste – vor allem auf Campingplätzen, in Gruppenunterkünften und Feriendörfern – finden Platz. Auf sie und die Tagesbesucher ist die Infrastruktur, Gastronomie und Geschäftswelt ausgerichtet. Zwar wurden mit vereinzelten Badehotels einige große Bausünden begangen, aber inzwischen sind die Bauauflagen zu Gunsten kleinerer Häuser verändert worden. In den Dör-

Ameland: Eine Wanderung durch die geschützte Natur verspricht Erholung

fern Amelands ist mehr historische Substanz erhalten als auf den anderen großen Inseln. Weitgehend von Kriegen verschont geblieben und reich geworden durch den Walfang, erlebte Ameland im 17. Jh. seine wirtschaftliche Blütezeit.

Seit 1801 gehört die Insel zur Provinz Friesland, bis 1883 war sie mit dem Festland durch einen Deich verbunden. Heute erreicht man mit der Fähre in einer Dreiviertelstunde den »Wattendiamanten«, wie sich Ameland nennt.

Vier Dörfer zählt die Insel: Hollum, Buren, Nes und Ballum. Hauptort ist *Nes,* hier legt auch die Fähre an. Die zahlreichen Restaurants, Hotels und Geschäfte in den Gassen verleihen dem Dorf einen kleinstädtischen Charakter. Alte Insider Tipp Kommandeurshäuser wurden restauriert, Tante-Emma-Läden verwandelten sich in Boutiquen. Überragt wird der Ort vom Turm der Hervormenden Kerk (1664), der als Seezeichen diente. Um die Kirche herum gruppieren sich die winzigen Häuser. Ein aus dem Jahr 1625 stammendes Gebäude steht im Rixt van Doniaweg 8.

Während das Bauerndorf Buren wenig Charme hat, scheint in ★ *Ballum* die Uhr im 19. Jh. stehen geblieben zu sein. Man findet herrliche alte Höfe, und auch die Hervormende Kerk an der Dorfallee ist einen Besuch wert. Der schönste und größte Inselort ist *Hollum.* An den mit Ziegelsteinen ausgelegten Straßen stehen Kommandeurshäuser und Bauernhöfe, in der Johan Bakkerstraat Nr. 6 findet man das älteste Haus der Insel – es stammt Insider Tipp aus dem Jahre 1516. Wo Oosterund Burenlaan, die zwei ursprünglichen Dorfstraßen, aufeinander treffen, steht die Hervormende Kerk mit ihrem wuchtigen Kirchturm. Auf dem Friedhof ist der Grabstein von Hidde Dirks Kat zu sehen, dem landesweit bekannten

Kommandeur der Walfischfänger. Der Ameländer, dessen Schiff im Winter 1777–1778 im Eismeer strandete, konnte sich retten. Nach anderthalb Jahren Irrfahrt kehrte er auf seine Insel zurück.

SEHENSWERTES

Leuchtturm

Wer die 235 Stufen bis zur 58 m hohen Plattform des weithin sichtbaren Leuchtturms (erbaut 1880) erreicht hat, wird mit einer herrlichen Weitsicht belohnt. Wegen Brandgefahr wurde der Turm 2001 geschlossen, möglich ist eine Wiedereröffnung in 2003 *(Auskunft/Tel. 0519/55 47 03).*

MUSEEN

Natuurcentrum

Gezeigt wird die geologische Entwicklungsgeschichte, außerdem gibt es Infos zum Wattenmeer. Im Meerwasseraquarium schwimmen Nordseefische. *Unregelmäßige Öffnungszeiten, im Sommer meist Mo–Fr 10–12, 13–17 Uhr, Sa und So 13.30–17 Uhr, Eintritt 3,25 Euro (MJK), Nes, Strandweg 38*

Sorgdrager Museum

Das Museum besteht aus einem Bauernhaus und zwei Kommandeurswohnungen. Hier erfährt man etwas über die Inselgeschichte und den Inselalltag. *Unregelmäßige Öffnungszeiten, Auskunft über Führungen Tel. 0519/55 44 77, Hollum, Herenweg 1*

ESSEN & TRINKEN

Die Cafés und Restaurants konzentrieren sich in Hollum und Nes, die größeren Hotels verfügen alle über eigene Restaurants. Die Inselküche zeichnet sich durch Deftigkeit aus. Da es seit mehr als 100 Jahren keine Fischer mehr auf Ameland gibt, wird der Fisch vom Festland hierher transportiert.

't van Heeckeren huys Insider Tipp

Populär und trendy, große Auswahl an Pizzen und Pastagerichten, Ter-

MARCO POLO Highlights »Westfriesische Inseln«

★ **Inselhüpfen**
Mit dem Boot übers Wattenmeer von Insel zu Insel (Seite 67)

★ **Ballum**
Fast wie eine Puppenstubenwelt wirkt der schöne Ort auf der Insel Ameland (Seite 68)

★ **Strand-Express**
Treckertour über den breitesten Sandstrand Europas (Seite 74)

★ **EcoMare**
Meerausstellung und Asyl für kranke Seevögel und vereinsamte Seehunde auf Texel (Seite 78)

rasse. Im Sommer sehr voll, was sich teils ungünstig auf die Qualität auswirkt. *Tgl. ab 10 Uhr, Nes, Kerkplein 6, Tel. 0519/54 29 11, €–€€*

Herberg De Zwaan
Urig und gemütlich eingerichtete Herberge. Köstlich sind die gebackenen Muscheln. Spezialität des Hauses: Lammschmorbraten. *Tgl. ab 12 Uhr, Hollum, Zwaneplein 6, Tel. 0519/55 40 02, €–€€*

De Klimop
Rustikal eingerichtet mit Kamin. Stilvoll geht es am Abend zu, originelle Fleisch- und Fischgerichte. *Tgl. ab 10 Uhr, Nes, Joh. Hofkerweg 2, Tel. 0519/54 22 96, €€*

Nescafé
Typisch holländisches *eetcafé*, immer gut besucht. Kein Wunder, dass die Bedienung oft im Stress ist. Abwechslungsreiche Tagesgerichte, die Qualität ist sehr unterschiedlich. *Tgl. ab 10 Uhr, Nes, Van Heeckerenstraat 10, Tel. 0519/54 27 60, €–€€*

Pannekoekhuis
Das Pfannkuchenhaus beim Leuchtturm ist eine Institution. Sage und schreibe 250 Variationen der Magenfüller reichen von »naturell« bis zum Belag mit Fleisch. *Tgl. 10–18 Uhr, Oranjeweg 44, €*

ÜBERNACHTEN

Nobel
Hinter der Bauernhausfassade wurden die Zimmer modernisiert, einfach und freundlich eingerichtet. Das Hotelrestaurant gehört zu den besseren der Insel. Gemütliches Café. *16 Zi., Ballum, Gerrit Kosterweg 16, Tel. 0519/55 41 57, Fax 55 45 15, www.hotel-nobel.com, €€*

Waddencentrum
Jugendherberge, idyllisch in den Dünen gelegen. *144 Betten, Oranjeweg 59, Tel. 0519/55 53 53, Fax 55 44 35, €*

FREIZEIT & SPORT

Angeln
Mit der MS Bruinvis kann man zum Hochseeangeln fahren. *Auskunft Tel. 0596/68 20 48*

Baden
Bei Nes und Buren bewachter Strand. FKK ist von Paal 4–7, 9–11,5 und ab Paal 17,2 erlaubt.

Fahrradfahren
Das Rad ist auf der Insel das vorteilhafteste Fortbewegungsmittel. Es gibt etwa ein Dutzend Fahrradvermieter.

Reiten
Mehrere Reitställe vermieten Pferde, stunden- oder auch tageweise: *Seelon, Ballum, Smitteweg 11, Tel. 0519/55 45 56; Kuperus, Nes, Torenstraat 14, Tel. 0519/54 20 67*

Schwimmen
Das subtropische Schwimmbad *Aqua Plaza* hat u. a. eine 120 m lange Wasserrutsche. *Nes, Molenweg 18, wechselnde Öffnungszeiten Tel. 0519/54 29 00*

Wandern
Ein Ausflug per Rad oder zu Fuß führt über markierte Wege durch das Naturschutzgebiet *Het Oerd.*

An der Wattseite erhebt sich die höchste Düne der Insel, von hier aus hat man einen schönen Rundblick. Regelmäßige Führungen durchs Watt.

AUSKUNFT

VVV
9163 ZL Nes, Rixt van Doniaweg 2, Tel. 0519/54 65 46, Fax 54 29 32, www.ameland.nl

Fähre
Holwerd–Ameland: Wagenborg: Tel. 0519/54 61 11, www.wpd.nl, (Abfahrtszeiten, Reservierung), Erw. 10, Euro, Pkw ab 86 Euro. Abfahrtszeiten Mo–Fr 7.30, 8.30, 10.30, 12.30, 16.30, 18.30 Uhr, Sa 8.30, 12.30, 16.30, 18.30 Uhr (Juni–Aug. Sa zusätzliche Fähren), So 9.30, 13.30, 17.30 und 19.30 Uhr. Gebührenpflichtige, bewachte Parkplätze in Holwerd

SCHIERMONNIKOOG

[116 B1] Schiermonnikoog ist eine einzige Überraschung. Die Watteninsel, seit 1988 Nationalpark und von den Einwohnern liebevoll »lytje pole« (kleines Eiland) genannt, ist, abgesehen vom öffentlichen Verkehr, autofrei.

Schiermonnikoog – auf Friesisch heißt die Insel »Skiermountseach« – ist die östlichste und kleinste der zur Provinz Friesland gehörenden Inseln. Ihr Name geht auf die grauen (»schieren«) Zisterziensermönche (»monnik«) des Klosters Claerkamp bei Dokkum zurück, die die Insel bereits im 12. Jh. besiedelt hatten.

Die Niederländer lieben diese knapp 40 km^2 große Insel, betrachten sie als ihre letzte Oase und wachen eifersüchtig darüber, dass nicht allzu viele Fremde sie entde-

Das autofreie »lytje pole« ist besonders familienfreundlich

Wohlverdient: Picknickpause

cken. Nur eine Dreiviertelstunde dauert die Überfahrt, und doch ist es so, als befände man sich danach in einer anderen Welt. Die rund 1000 Einwohner leben im einzigen Ort mit demselben Namen, 1760 erbaut. Der Dorfkern steht unter Denkmalschutz. An die Epoche, als im Dorf Schiermonnikoog viele Walfänger lebten, erinnern die gewaltigen Walfischknochen, die in der Ortsmitte aufgestellt sind. Das Denkmal wurde zu Ehren des Entdeckungsreisenden und Seefahrers Willem Barentszoon errichtet. Die meisten der 300 000 Besucher im Jahr sind Tagesgäste, die Bettenkapazität wurde auf 5500 beschränkt, damit »lytje pole« nicht überlaufen wird.

Ein buntes Disko- und Kulturleben sucht man vergeblich: Viel Natur, sauberes Wasser, einsame Sandstrände, freundliche Menschen und Ruhe – das sind die Pluspunkte der Insel. Die Sandbänke vor Schiermonnikoog gelten als Kinderstube junger Seehunde. Die Insel ist ein Ziel für Vogelfreunde – vor allem im Frühjahr. Die Dünen sind hoch und alt, die Landschaft mit ihren Wäldern und Wiesen ist abwechslungsreich, ihre Strände gehören zu den breitesten Europas. Insider Tipp Rad- und Wanderwege durchkreuzen das Eiland, auf dem praktisch alles unter Naturschutz steht.

SEHENSWERTES

Bezoekerscentrum

Unterhalb des Wasserturms befindet sich das Besucherzentrum. Hier wird anschaulich über biologische und ökologische Aspekte des Wattenmeeres und des Nationalparks informiert. Wattwanderungen, Fahrradtouren, individuelle und Gruppenexkursionen u. a. durch die Vogelbrutgebiete der Kokbeduinen werden hier angeboten. *Mo–Sa 10–12 und 13.30 bis 17.30 Uhr, Eintritt 1 Euro, Torenstreek 20, www.waterland.net/npschierm*

Bunker

Auf einer der höchsten Erhebungen der Insel, der *Poemelsduinen,* befinden sich die Reste eines Westwallbunkers aus dem Zweiten Weltkrieg. Von dem Bunker, von den Einheimischen »Wassermann« genannt, hat man eine herrliche Aussicht.

ESSEN & TRINKEN

Duinzicht

Insider Tipp

Holländische Behaglichkeit mit Teppichen auf den Tischen. Serviert wird deftige Kost. Probieren Sie den Fischteller. Mit Hotel. *Tgl. 10–21 Uhr, Badweg 17, Tel. 0519/53 12 18, Fax 53 14 25, www.hotelduinzicht.nl,* **€–€€**

De Tjattel
Café im gleichnamigen Hotel. *Im Sommer tgl. 10–2 Uhr, im Winter 12–2 Uhr, Langestreek 94, Tel. 0519/53 11 33, €–€€*

Vishandel
Den besten Fisch bekommt man in dieser Snackbar. Einfach, aber sehr gut. Auch zum Mitnehmen. *Di–So 11.30–19 Uhr, Noorderstreek 38, Tel. 0519/53 17 43, €*

ÜBERNACHTEN

Bed & Brochje
Zimmer mit Bett und Frühstück bieten mehrere Familien im Dorf an *(ca. 15 Euro pro Person/Nacht). Adressen beim VVV*

Graaf Bernstorff
Badehotel im Dorfzentrum, kleine Zimmer mit modernen Bädern. Ein schickes, teures, gut besuchtes Brasserie-Café, Terrasse, Bar und Bibliothek sind angeschlossen. *17 Zi., 29 Apartments, Reedeweg 1, Tel. 0519/53 20 00, Fax 53 20 50, www.bernstorff.nl, €€€*

Herberg Rijsbergen
Untergebracht im früheren Wohnhaus des Grafen Bernstorff am Ortsrand ist die Herberge auch für Gruppen und Familien geeignet. Im Haus kann auch gegessen werden. *17 Zi., Knuppeldam 2, Tel. 0519/53 12 57, Fax 53 16 80, www.herbergrijsbergen.nl, €*

Noderstraun
Modernes Haus in den Dünen mit Tennisplatz. *48 Zi., Badweg 91, Tel. 0519/53 11 11, Fax 53 18 57, www.strandhotel.nl, €€€*

Seedune
Schöner, am Waldrand gelegener Campingplatz. Bis max. 800 Urlau-

Die Walfischknochen in Schiermonnikoog erinnern an die Walfängerzeit

ber können hier ihre Zelte aufschlagen. *Mitte Mai–Sept., Seeduneweg 1, Tel. 0519/53 13 98*

Van der Werff
Beliebtes Ziel für Hollands stadtmüde Künstler und Intellektuelle. Das traditionsreiche Badehotel, früher Poststation, besitzt eine liebenswert verstaubte Atmosphäre. Treffpunkt für Insulaner und Urlauber ist das Insider Tipp stimmungsvolle *bruine café*, am Abend oft brechend voll. Guter Imbiss: Genever und Bitterballen. *43 Zi., Reeweg 2, Tel. 0519/53 12 03, Fax 53 17 48,* €€

FREIZEIT & SPORT

Baden
Der Strand und das Wasser Schiermonnikoogs zeichnen sich durch besondere Sauberkeit aus. Baden ist überall erlaubt. Der bewachte Teil befindet sich am Ende des Prins-Bernhard-Weges. Zwischen Paal 2 und 7 ist Nacktbaden allerdings verboten. Bei Paal 3 kann man Windschutz und Strandstühle mieten. Das Betreten der Sandbänke ist streng untersagt. Einmalig schön ist Insider Tipp auch *Het Rif* mit seinen weiten Sandflächen.

Strand-Express
★ Ein Trecker mit Personenanhänger tuckert am Nordseestrand entlang zur Ostspitze Balg. Wer will, kann bei schönem Wetter den kilometerlangen Weg am Strand zu Fuß wieder zum Ort zurückgehen. Karten gibt es beim VVV oder beim Vishandel am Noorderstreek.

Surfen
Man surft am besten zwischen Paal 3 und 4.

AUSKUNFT

VVV
9166 ZP Schiermonnikoog, Reeweg 5, Tel. 0519/53 12 33, Fax 53 13 25, www.vvvschiermonnikoog.nl

Fähre
Lauwersoog–Schiermonnikoog, Wagenborg: Tel. 0519/34 90 50, Mo bis Sa 6.30, 9.30, 11.30, 13.30, 17.30 und Fr 19.30, So 9.30, 11.30, 15.30, 17.30, 19.30, Fahrpreis: Personen 11, Pkw 70 Euro. Überfahrt 50 Min., keine Privatwagen erlaubt, gebührenpflichtiger Parkplatz am Hafen. Am Fähranleger warten Busse und Taxen. Rundfahrten mit Schiff Tel. 0519/53 12 74

TERSCHELLING

[114 A–C 1–2] Es ist immer eine richtige Seereise, die den Urlauber anderthalb Fahrstunden vom Festland nach Terschelling bringt. Von weitem erkennt man bereits den *Brandaris,* den 54 m hohen Leuchtturm, der schon seit 1594 seine Lichtsignale, die heute rund 40 km weit zu sehen sind, aussendet. Ursprünglich wurde die friesische Insel »Schylge« genannt, was so viel wie »Abgeschiedenheit« bedeutet, und heute noch nennen sich viele Insulaner stolz »Schylger«. Aber abseits der Welt leben sie seit langem nicht mehr. Historisch betrachtet besteht die zweitgrößte Insel der Niederlande (11 000 ha groß, 5000 Ew.) aus drei Teilen: West, Midsland und Oosterend, die im Laufe der Zeit durch natürliche Sandaufschüttungen und Deichbau zu einem Eiland wurden. Die gesellschaftlichen Unterschiede zeigen sich noch in der Dorfkultur in West-Terschelling, in Midsland und in Oosterend: In allen drei Orten spricht man einen anderen Dialekt, singt seine eigenen Lieder und denkt dorfpatriotisch.

Die wohlhabende Insel ist die Heimat des Seefahrers und Entdeckers Willem Barendszoon, der 1555 hier geboren wurde. Er entdeckte 1594 die Westküste von Nowaja Semlja im Eismeer und 1596 Grönland. Nach ihm wurde die Barentssee im Nordpolarmeer benannt.

Die 28 km lange Insel steht zum größten Teil unter Naturschutz: Fast die Hälfte ihrer Landmasse belegt allein das 4400 ha große Naturreservat *De Boschplaat* im Nordosten, im Westen liegt das Insider Tipp pflanzenreiche Sandgebiet *Noordwarder*, das auch unter Naturschutz steht. Auf der Insel wachsen noch rund 600 wilde Pflanzen, darunter die roten Cranberries, aus denen Likör, Marmelade und Wein hergestellt wird.

Der kilometerlange weiße Sandstrand, der stellenweise 500 m breit ist, zieht heute jährlich über 300 000 Besucher an, die Touristikbranche zählt rund 1,2 Mio. Übernachtungen im Jahr. Vor allem bei der Jugend ist Terschelling beliebt. Mit seinen Bars und Diskotheken ist das Dorf Midsland das touristische Inselzentrum. Hauptort und Fährhafen, der einzige Naturhafen des Landes, ist West-Terschelling, seit dem 13. Jh. bewohnt. Seinen Wohlstand hat das Dorf ebenfalls dem Wal- und Fischfang zu verdanken. An den alten Reichtum erinnern noch die hübschen Kapitänshäuser, die *Commandeurshuizen*, in der Dorfmitte. Am Hafen, in dem zahlreiche seetüchtige Oldtimer wie *Tjalken* und *Kuffen* liegen, stehen gepflegte alte Hollandhäuser.

West-Terschelling war schon im 13. Jh. bewohnt

SEHENSWERTES

't Behouden Huys
Inselmuseum in zwei nebeneinander stehenden Kapitänshäusern von 1668. Man bekommt Einblick ins Seenotrettungswesen, die Inselgeschichte und erfährt viel über den Seefahrer Willem Barendszoon. *April–Okt. Mo–Fr 9–17 Uhr, Juli bis Aug. auch Sa 13–17 Uhr, Eintritt 2,70 Euro, Commandeurstraat 32, West-Terschelling, www.behoudenhuys.nl*

De Boschplaat
Das Naturschutzgebiet, das sich über ein Drittel der Insel erstreckt, ist Europäisches Naturdenkmal. Es entstand durch den Bau zweier Deiche. Natürlicher Wald, Dünen, Wattenmeer, Brutplatz für Vögel. Mit etwas Glück sieht man hier auch die seltenen Kormorane. In dem Biotop wachsen elf Orchideenarten. Geführte Exkursionen. *Auskunft beim VVV oder Stadsbosbeheer, Longway 28*

Brandaris
Brandaris ist mit einer Höhe von 54 m der älteste Leuchtturm des Landes (1594). Das Inselwahrzeichen kann man nur von außen besichtigen. Der wuchtige Turm gehört heute zu den modernsten Verkehrszentralen der Küstenüberwachung.

Stryper Totenacker
Die Grabsteine auf den Gräbern der Walfänger und Seefahrer sind alt, krumm und verwittert. Der älteste stammt aus dem Jahr 1594. Bereits um 900 n. Chr. soll an dieser Stelle eine Kapelle gestanden haben. *Midsland*

ESSEN & TRINKEN

De Grie
Lokal für Feinschmecker. Spezialität: Rippe mit Entenleber. *Tgl. außer Di 17.30–22 Uhr, Oosterend, Hoofdstraat 43, Tel. 0562/44 84 99,* €€€

Pizzeria La Grotta
Nicht nur Pizza, auch Spaghetti werden im Kellerlokal serviert. *Tgl. 13–23 Uhr, Midsland, Ooserburen 2, Tel. 0562/44 84 15,* €–€€

Zeezicht
Café-Restaurant am Fährhafen, Aussichtsterrasse, Kuchen und Fischgerichte. *Tgl. 11.30–22 Uhr, Willem Barentszkade 20, Tel. 062/44 22 68,* €–€€

Insider Tipp

EINKAUFEN

Cranberry-Cultur Skylge
Hier kann man wohlschmeckende Souvenirs erwerben: Likör, Marmelade und Wein. *Formerum*

ÜBERNACHTEN

Campingplätze
Appelhof, bei Jugendlichen populär, man kann auch Zelte mieten *(Formerum, Zuid Nr. 2a, Tel. 0562/44 86 99), Dennedune,* Familienplatz für 70 Personen im Randgebiet von Hoorn *(Dorpsstraat 89, Tel. 0562/44 88 96), Irene Hoeve,* für Jugendliche und Gruppen am Dorfrand von Midsland. Mit Kantine *(Oosterburen 79, Tel. 0562/44 90 91).*

Nap
Traditionsreiches Haus. Hinter seinen weißen Mauern verbergen sich

zweckmäßig eingerichtete Zimmer. Eigenes Restaurant. *32 Zi., Torenstraat 55, West-Terschelling, Tel. 0562/44 32 10, Fax 44 33 15, www.hotelnap.nl, €€*

Schylge
Komfortferienanlage am Wattenmeer mit Restaurant, Café, Terrasse. Helle und geräumige 98 Zimmer. *Van Heusdenweg 37, West-Terschelling, Tel. 0562/44 21 11, Fax 44 28 00, www.westcoordhotels.nl, €€ bis €€€*

Tjermelan
Auf Familien eingestellter Bungalowpark. *79 Bungalows und 16 Apartments, Oosterend 2, Tel. 0562/44 93 41, www.terschelling-recreatie.nl, €*

De Walvisvaarder
Umgebauter Bauernhof, stilvoll eingerichtet. *70 Zi., Lies 23, Hoorn, Tel. 0562/44 90 00, Fax 44 86 77, www.walvisvaarder.nl, €€*

FREIZEIT & SPORT

Angeln
Angelfahrten auf hoher See, die meist am frühen Morgen beginnen *(Auskunft beim VVV)*; Strandangeln ist bei Paal 19 möglich.

Badestrände
Bewachte Badestrände findet man zwischen Paal 8 und 12. Die Pfähle *(paal)*, insgesamt 28 Stück, geben die Abstände von einem Ende der Insel zum anderen in Kilometern an.

Reiten
Reitställe befinden sich z. B. in Hoorn, *Manege De Barrage*, Terpstra; in Formerum, *Pony-Centrum* sowie in Landerum *Familie Lok (Informationen beim VVV).*

Surfen
Bei West-aan-Zee (Paal 9–10) für geübte Surfer, an der Wattenmeerküste bei Lies und am Yachthafen Dellewal von West-Terschelling

Wanderungen
Die Forstverwaltung der Insel hat 6 Wanderungen, die etwa 5–6 km lang sind, ausgearbeitet und in Faltblättern beschrieben. *Auskunft beim VVV*

Yachthafen
Idyllisch am Dellewal. Während der Hochsaison sind 6 nebeneinander liegende Boote keine Seltenheit. *Tel. 0562/44 33 37*

AM ABEND

De Braskoer
Diskothek und Pub unter einem Dach. *West-Terschelling, Torenstraat 32*

Kroeg de Stoep
Bar, ideal für Nachtschwärmer. *Midsland, Oosterburen 5*

't Spyntje
Café und Bar. *Midsland, Oosterburen 12*

De Walvis
Schön gelegener Strandpavillon für den »Sundowner«. *West-Terschelling, Groene Strand*

Wyb
Beliebte Disko, wo sich Einheimische und Touristen treffen. *Midsland, Oosterburen 11*

AUSKUNFT

VVV
8880 AA West-Terschelling, Willem Barentszkade 19a, Tel. 0562/ 44 30 00, Fax 44 28 75, www.vvv-terschelling.org

Fähre
Harlingen–Terschelling: Personen 22, Autos pro halben Meter 12 Euro, Pkw-Reservierung erforderlich. Tel. 0562/44 61 11 (Buchung), 44 27 70 (Fähre), 44 32 20 (Schnellboot)

TEXEL

[112 A–B 2–4] Die Überfahrt mit dem Fährboot vom Festland auf die Insel dauert nur 20 Minuten. Die größte der Westfriesischen Inseln, die zur Provinz Nordholland gehört, ist 25 km lang und rund 9 km breit. Auf Texel ist das gesamte Jahr über Saison. Obwohl der Fremdenverkehr wichtig ist – von allen Inseln zählt sie die meisten Besucher –, ist auch die Landwirtschaft (Schafzucht, Blumen) bedeutend.

Texel steckt voller Besonderheiten. Anders als auf den anderen Inseln liegt der Hauptort, Den Burg, nicht am Wasser, sondern in der Mitte der Insel. Hübscher als Den Burg sind allerdings die fünf Dörfer De Koog, Den Hoorn, De Waal, Oudeschild und Oosterend. Die reetgedeckten, denkmalgeschützten Gülfhäuser, pyramidenförmige Schafställe, sind charakteristisch für Texel.

Während des »Goldenen Zeitalters« diente Texel als Zwischenstation für die Segler von und nach Asien. Im Watt warten noch Hunderte von Wracks mit wertvoller Ladung auf ihre Bergung. Rund 400 alte Schiffe, die als kulturelles Erbe der Niederlande gelten, hat man vor der Küste lokalisiert.

Texel (13 000 Ew.) hat sich auf die hohen Erwartungen der Urlauber eingestellt. Modernität ist deshalb überall zu spüren. Es gibt mehrere Camping- und Bungalow-Großprojekte, darunter De Krim, Dennenoord, 't Stapeland, Californië, Sluftervallei, aber auch Pensionen und Hotels. Texel lockt mit seiner Vielfalt an Landschaften: Wälder, Dünen, Weiden und viel Ackerfläche.

Typisch für diese, nicht aber für die anderen Inseln: Im Frühjahr blühen Tulpen, Narzissen, Krokusse und Hyazinthen. Naturfreunde zieht es in die Naturschutzgebiete De Slufter und De Muy. Verlockend ist es auch, auf den 120 km Radwegen kreuz und quer durch die Landschaft zu radeln. Größte Attraktion bleiben jedoch die Sandstrände, die sich über 25 km an der Nordseeküste entlangziehen. Bei Paal 28 und 9 ist FKK gestattet. Surfer bevorzugen die Zone beim Leuchtturm als Revier. Insider Tipp

MUSEEN

EcoMare
★ Naturhistorisches Museum mit Seehundstation. Besucherhit: die Fütterungszeiten *(11 und 15 Uhr)*. Entwicklungsgeschichte der Insel und die Bedrohung durch den Tourismus sind Ausstellungsthemen. Zu sehen sind außerdem das Modell eines Wals, Dünenpark und Vogelpflegestelle. EcoMare organisiert Wanderungen im Wattenmeer, Insider Tipp in den Dünen und durch Vogelge-

Auch die Texeler Strände sind bei Groß und Klein äußerst beliebt

biete. *Tgl. 9–17 Uhr, Eintritt 7 Euro, De Koog, Ruyslaan 92*

Oudheidskamer

Das kleine Dorfmuseum ist in einem alten Gasthaus aus dem 16. Jh. untergebracht. *April–Okt. Mo–Fr 10–12.30, 13.15–15 Uhr, Den Burg, Kogerstraat 1, Eintritt 1,60 Euro*

ESSEN & TRINKEN

Aus rund 100 Adressen von Restaurants und Imbissstuben kann man wählen. Spezialitäten sind die teuren Fisch- und Lammgerichte. In den Imbissen bekommt man Snacks wie gebackenen Fisch und Muscheln.

Insider Tipp **Havenzicht**

Traditionsreiches Restaurant mit Sicht auf den Hafen, Fischgerichte. *Tgl. 12–15 und 17–21 Uhr, Oudeschild, Haven 6, Tel. 0222/31 26 02,* €€

Klif 12

Theaterlokal, in dem es vor allem im Sommer hoch hergeht. Das Essen ist eher Nebensache. Schräg gegenüber liegt das nette *Kliff 23,* dort sind die vegetarischen Pfannkuchen empfehlenswert. *Di–So ab 11 Uhr, De Hoorn, Kliff 12, Tel. 0222/31 96 33, Kliff 23, Tel. 0222/31 95 15,* €€

La Morena

Spareribs und Gerichte vom Texeler Lamm. *Tgl. 10–24 Uhr, Kikkertstraat 31, De Cocksdorp, Tel. 0222/31 64 64,* €€

't Pakhuus & Co

Historisches Speicherhaus am Hafen mit einfacher Einrichtung. Besonders schön sitzt man in der 2. Etage. *Do–Mo 17–23 Uhr,*

Für Katamaransegler ist Texel ein Paradies

Oudeschild, Haven 8, Tel. 0222/ 31 06 11, €€€

EINKAUFEN

Albert Blom
Snackbar und Fischladen, gute Auswahl an frischem Fisch für Selbstversorger. *Oudeschild, Schilderweg 265*

Gebr. Willem en Otto Goënga
Spezialitäten vom Texeler Lamm. *Den Hoorn, Zentrum*

ÜBERNACHTEN

Molenbos
Moderne Hotelanlage mitten im Grünen. *33 Zi., De Cocksdorp, Postweg 224–226, Tel. 0222/ 31 64 76, Fax 31 63 77, www.molenbos.nl, €€*

Op Diek
Nettes Ambiente unterm Reetdach, inmitten von Weiden gelegen. *19 Zi. (mit und ohne Bad), Den Hoorn, Diek 10, Tel. 0222/31 92 62, Fax 31 94 89, €*

Pelikaan
Ruhig gelegenes Kurhotel, moderne 29 Zimmer und Apartments. *De Koog, Pelikaanweg 18, Tel. 0222/ 31 72 02, Fax 31 76 87, €€*

De Weal
Familienhotel mit schöner Atmosphäre und herzhafter Küche. Wintergarten. *20 Zi., De Waal, Hogereind 28, Tel. 0222/31 58 37, €*

FREIZEIT & SPORT

Sportfischer können ohne Angelschein an der gesamten Küste angeln, es besteht die Möglichkeit, einen Segelfliegerkurs zu besuchen, Tennis- und Squashplätze gibt's zur Genüge, und es bieten sich Schiffsausflüge an *(Auskunft beim VVV)*.

Besichtigung der Seehundbänke
Ausflug nach Vlieland und Wattfahrten zu den Seehundbänken mit »De Vriendschap« zwischen Mai und September. *Info: Pavillon Vliezicht, Tel. 0222/31 64 51*

Garnelenfang
Die Garnelenkutter TX 27 und TX 10 stechen tgl. außer So vom Hafen Oudeschild in See. *Haven 10 (Souvenirgeschäft), Tel. 0222/31 36 39 und 31 38 06*

Historische Segelfahrt
Der »Grote Jager« lädt ein zu einem beschaulichen Segeltörn. *Tel. 0223/61 27 18*

Rondje Texel
Alljährlich Mitte Juni findet auf der Insel ein großes Katamaran-Wettsegeln mit internationalen Teilnehmern statt, dann geht es übers Wasser »rund um Texel«!

Texel aus der Vogelperspektive
Ein Abenteuer in der Luft mit tollem Blick über die Inselwelt und Meer. Flugzeit zwischen 15 und 60 Min. *Flughafen, Tel. 0222/ 31 14 64*

AM ABEND

Auf der Insel schließen alle Kneipen und Diskotheken um 1 Uhr, danach darf niemand mehr eingelassen werden. Die Musik wird um 2 Uhr leiser, um 3 Uhr müssen sich die letzten Gäste auf den Weg machen.

De Beekuil
Beliebtes Café, in dem sich die Nachtschwärmer gleich nach dem Strandbesuch treffen. *De Koog, Dorpsstraat 78*

Hauptplatz von Den Burg
Im Dorfkern ist am Abend immer etwas los. Etwa im großen Saal des Hotels *Lindenboom;* sehr beliebt bei Jugendlichen die Disko *Question.* Holländische Seemannslieder kann man authentisch im *Café Karseboom* hören.

De Kuip
De Kuip bietet Partystimmung bis zum frühen Morgen. *De Koog, Dorpsstraat 75*

Talk of Town
Die mondäne Nachtadresse auf der Insel. *De Koog, Dorpsstraat 78*

AUSKUNFT

VVV
1791 AV Den Burg, Emmalaan 66, Mo–Fr 9–18, Sa 9–17 Uhr, Tel. 0222/31 28 47, Fax 31 41 29, (Reservierung) www.texel.net

Fähren
Teso, Tel. 0222/36 96 91 und 36 96 92, Personen ab 12 Jahren 4, Pkw 38 Euro. Abfahrt: Den Helder stündlich von 8.35 bis 21.35 Uhr, keine Reservierung

VLIELAND

[112 B–C 1–2] Trotz aller Versuche, es zu verhindern, bewegen sich die Inseln zwischen Wattenmeer und Nordsee mit dem Wind und den Wellen langsam aber stetig in Richtung Festland. Es ist noch nicht sehr lange her, da gab es auf Vlieland zwei Dörfer, West- und Oost-Vlieland. Heute existiert nur noch Oost-Vlieland: West-Vlieland versank zwischen 1717 und 1727 durch Sturmfluten im Meer. Der Rest der Insel, 20 km lang und nur bis zu 2 km breit, besteht aus Dünen, Wiesen, Wald und einem 12 km langen, herrlichen Sandstrand.

Im 16. und 17. Jh. blühte der Handel mit den Hansestädten in der Ostsee, die Insulaner beteiligten sich an Entdeckungsreisen nach Australien und ins Eismeer. Wohlhabend wurde die Insel im 19. Jh. vor allem durch den Walfang. Von Vlieland stammten rund 70 Kommandeure, Kapitäne, die auf Walfang gingen. Einige ihrer herrlichen Kommandeurshäuser sind in Oost-Vlieland noch zu sehen. Heute leben die etwa 1150 Einwohner im einzigen Dorf, Oost-Vlieland. Seit den 1950er-Jahren ist der Tourismus der wichtigste Erwerbszweig. Die fast autofreie Insel (Besucher dürfen ihre Autos nicht mitbringen) wird vor allem von Niederländern besucht. Die meisten Gäste mieten sich auf den beiden Campingplätzen (3500 Stellplätze) ein. Wie überall auf den Inseln ist das Fahrrad das zweckmäßigste Verkehrsmittel.

An den Stränden ist in bestimmten Abschnitten FKK gestattet. Wegen der ungünstigen Wind- und Strömungsverhältnisse ist die Insel kein Ziel für Surfer, dafür ist sie aber bei Reitern beliebt. Insider Tipp Ein 26 km langer Rundweg führt um die Insel – ein schöner Ausflug mit dem Rad. Das Dorf Oost-Vlieland besteht vor allem aus zwei Straßen, von denen die mit alten Bäumen begrünte, holprige Dorpsstraat mit ihren gepflegten historischen Häusern an die gute alte Zeit erinnert. Hier konzentrieren sich die Cafés, Restaurants und Geschäfte. Seit 1971 steht das Dorf unter Denkmalschutz.

SEHENSWERTES

Leuchtturm

Auf einer 40 m hohen Düne wurde 1910 der nur 18 m hohe Leuchtturm errichtet, dessen Leuchtsignale aber noch in 40 km Entfernung zu sehen sind. Die Aussicht über Insel und See lohnt die 218 Stufen. *Juli, Aug. Mo–Sa 10.30–12, 15–17, Sept.–Juni Mo bis Sa 15–17 Uhr, Eintritt 1,50 Euro*

De Noordwester

Besucherzentrum, das alle Informationen über das Eiland bereithält. Treffpunkt für Vogel-, Watt- und Dünenexkursionen. *Dorpsstraat 150, Tel. 0562/45 17 00*

Vliehors

Das weite, vegetationsarme Sandgebiet wird scherzhaft auch »Sahara« genannt. Zwischen Oost-Vlieland und Vliehors erstreckt sich ein dichter Wald. Bei Vliehors liegt die Kaserne: Vliehors wird leider als militärisches Übungsgebiet genutzt. Im Sommer üben auch Soldaten auf dem prächtigen Sandgelände. Am Wochenende aber ist alles still, und auf den Sandbänken vor der Küste des Naturschutzgebietes sonnen sich die Seehunde.

Eine reizvolle, ungefähr 8 km lange Wanderung ist die zwischen dem Dorf und dem alten *Posthuys*, Poststation für die Postreiter, die von 1677 bis 1927 die »Zeebrieve« von Amsterdam via Texel nach Vlieland brachten. Insider Tipp

MUSEUM

Tromp's Huys

Historisches Inselmuseum im ältesten Haus (von 1575) des Eilandes, in dem die Ranghöchsten der Vereinigten Ostindischen Kompanie ihren Sitz hatten. Das Gebäude ist nach Cornelis Tromp benannt, einem berühmten holländischen Admiral, der sich vor langer Zeit einmal hier aufhielt. *Dorpsstraat 99, Okt.–April Di–Sa 14–17, Mai–Sept. Di–Fr 11 bis 17, Sa 14–17 Uhr, Eintritt 2,50 Euro, www.vlieland.nl/musea*

ESSEN & TRINKEN

Oosterbaan's visrestaurant

Die Spezialität dieses Fischrestaurants sind gebratene Schollen mit allen möglichen Zutaten. *Dorpstraat 12, Tel. 0562/451595, tgl. 13–23 Uhr*

Insider Tipp

Posthuys

Das alte Posthaus ist beliebtes Ausflugsziel, Restaurant und Café mit Terrasse. Die Spezialität ist Gebäck mit köstlicher Heidelbeermarmelade. *Tgl. 11–17 Uhr, Postwegende, Tel. 0562/45 12 82, €*

De Wadden

Gut besuchtes Steakhouse, das Fleischgerichte mit sättigender Beilage serviert. Zeitweise herrscht eine etwas hektische Atmosphäre. Reservierung notwendig. *Tgl. 12–23.30 Uhr, Dorpsstraat 61, Tel. 0562/45 12 98, €€*

ÜBERNACHTEN

Insider Tipp

Badhotel Bruin

Typisches Inselhotel im gemütlichen holländischen Stil, familiäre Atmosphäre. Im Ortszentrum gelegen, besitzt es zweckmäßig eingerichtete Zimmer, ein Café sowie ein Fischrestaurant. *31 Zi., 6 Apartments, Dorpsstraat 88, Tel. 0562/45 13 01, Fax 45 12 27, www.badhotelbruin.nl, €€*

Camping Stortemelk

Hübsch zwischen Dünen gelegen. Von hier hat man es nicht weit zur Nordsee. *April–Sept., Tel. 0562/45 12 25*

De Herbergh van Flielant

Das kleinste Hotel besitzt 8 moderne Zimmer zur Straße, einen Garten sowie ein gemütliches Restaurant mit guter Fischküche. *Dorpsstraat 105, Tel. und Fax 0562/45 12 00, Fax 45 33 54, €€*

Seeduyn

Komforthotel am Strand, große Zimmer, Schwimmbad und Restaurant. *90 Zi., Badweg 3, Tel. 0562/45 15 60, Fax 45 11 15, €€€*

FREIZEIT & SPORT

Insider Tipp

Texelfahrten mit »De Vriendschap«

Die Fahrt nach Texel mit dem umgebauten Motorfrachtboot »De Vriendschap« (1927) ist spannend. Wegen der zahlreichen Sandbänke kreuzt der Kapitän im Zickzackkurs durch das Wasser, während der Matrose Kaffee und Texeler »Juttertjes«, einen Kräuterschnaps, serviert. Mit Glück sieht man Seehunde *(Auskunft im VVV).*

Vliehors-Express

Im Sommer geht es vom Posthuys im Geländewagen zum Boot in Richtung Texel. *Info-Tel. 0562/45 19 71*

Yachthafen

Richtig hübscher Hafen für echte Segler. Vor dem Hafen kräftige Strömung. *Tel. 0562/45 17 29*

AUSKUNFT

VVV

8899 BB Vlieland, Havenweg 10, Tel. 0562/45 11 11, Fax 45 13 61, Mo–Fr 9–17 Uhr, Sa und So bei Bootsankunft

Fähre

Es dürfen keine Pkw mitgenommen werden. *Harlingen–Vlieland: tgl. 9, 14.15, 19 Uhr, Fahrpreis 18,70 Euro, Parkplatz in Harlingen. Rederij Doeksen: Tel. 0517/49 15 00. Dauer der Überfahrt: ca. 1,5 Std.*

HOLLANDIA
A° DOMINI
IVSTITIA
DEL PHENSIVM CVRIA REPARATA

Alte Städte, Deiche und Meeresluft

Die Touren sind in der Karte auf dem hinteren Umschlag und im Reiseatlas ab Seite 112 grün markiert

1 DURCH STADT UND LAND AM IJSSELMEER

Die abwechslungsreiche Rundfahrt führt von Enkhuizen über den Abschlussdeich nach Friesland. Von dort geht's zur Kunstlandschaft Flevoland, dann zurück nach Enkhuizen. Rund 260 km, Dauer: Tagesausflug

Während dieser Tagestour besuchen Sie die niederländischen Regionen Friesland, Westfriesland sowie Flevoland mit ihren typischen Landschaftsbildern und den geschichtsträchtigen Orten Enkhuizen, Workum und Blokzijl.

Von den Häfen an der ehemaligen Zuiderzee begannen die abenteuerlichen Fahrten der holländischen Kolonialherren und Entdecker nach Gotland und zu den Gewürzinseln, ins Eismeer und an die Gold-, Sklaven- und Elfenbeinküste. Städte wie Hindeloopen, Hoorn oder Enkhuizen machten Geschäfte mit Sultanen und Radschas, die Kaufleute schlürften gewürzten Wein aus Straußeneiern, und in ihren Knopflöchern glänzten Edelsteine. Als das »Goldene Zeitalter« zu Ende ging, verarmten die Städte, ihr historischer Kern blieb aber weitgehend erhalten, weil man größtenteils zu arm war, um sie abzureißen und im neuen Stil aufzubauen.

Wer etwas auf sich hält, gibt sich im Rathaus von Delft das Jawort

Auch *Enkhuizen (S. 34)*, wo die Rundfahrt beginnt, kann auf eine ruhmreiche Vergangenheit zurückblicken. Im Zentrum sind noch viele malerische Gebäude aus dem »Goldenen Zeitalter« zu sehen. Im 17. und 18. Jh. besaß Enkhuizen die großen Werften, auf denen die Fleuten, die dickbauchigen Segler der Ostindischen und Westindischen Kompanie, gebaut wurden. Das schöne Rathaus, 1686 bis 1688 aus Sandstein errichtet, ist noch erhalten geblieben. Neben dem prächtigen Bürgersaal ist auch das Bürgermeisterzimmer aus dem 17. Jh. zu besichtigen.

Die Fahrt führt weiter über *Andijk* und von dort am Deich entlang nach *Medemblik (S. 35)*. Über die N 240 erreicht man bald *Den Oever*, wo der 30 km lange Abschlussdeich *(afsluitdijk)* beginnt, der die Provinzen Nordholland und Friesland verbindet. Auf der 32 m breiten Deichkrone führt die Autobahn hinüber nach Zurich in Friesland. Nach 6,5 km erreicht man einen Parkplatz mit Aussichtsturm, von dem aus man einen wundervollen Blick über das IJsselmeer und das Wattenmeer hat.

Insider Tipp

Die stürmische Nordseebucht trockenzulegen war schon immer ein Traum der Holländer. Pläne hierfür gab es bereits im Jahre 1667. Von 1927 bis 1932 dauerte der Bau des Dammes zwischen Nordholland und Friesland. Die Baukosten beliefen sich auf rund 55 Mio. Euro, zeitweise waren mehr als 7000 Arbeiter beschäftigt. Aus der salzigen Zuiderzee, der »Südsee«, wurde das süßwasserhaltige IJsselmeer. Für die Nordseefischer war der Bau freilich eine Tragödie, denn viele verloren dadurch ihre Arbeit.

Hat man die 30 km hinter sich gebracht, biegt man von der A 7 nach *Makkum* ab. Die ehemalige Handelsstadt ist heute bei Wassersportlern beliebt. Sie ist auch für ihre Fayencen bekannt. Von Makkum aus kann man einen Abstecher auf der *Alfaers-Erf-Route* (»Erbe unserer Vorfahren«) machen, an der alte friesische Orte wie *Allingawier, Piaam, Ferwoude, Exmorra* und *Workum* liegen: Museen und Cafés an dieser Museumsroute haben von April bis Oktober täglich von 10 bis 17 Uhr geöffnet. Im gut besuchten *Workum* *(S. 43)* kann man auch sonntags eine Pause einlegen und in einem der Restaurants einkehren.

Weiter geht es dann auf der N 359 nach *Lemmer*. Ein Restaurant für Fischliebhaber ist das *De Connoisseur (Vuurtorenweg 15, Tel. 0514/56 55 59, €€–€€€)*. Hinter Lemmer führt die Fahrt weiter über die A 6 bis Ausfahrt Nr. 15, dann weiter auf der N 331 und N 333 über *Marknesse* bis nach *Blokzijl*.

Beschauliches Segelvergnügen durch die Kanäle bei Giethoorn

Die kleine Stadt (1200 Ew.), deren Markenzeichen die engen Gassen und die Giebelhäuser rund um den Hafen sind, war während des 80-jährigen Krieges gegen Spanien Piratennest. In Blokzijl legen heute jährlich rund 20 000 Boote an. Von hier lohnt sich ein weiterer Abstecher: Die so genannten Wasserdörfer *Kalenberg, Muggenbeet* und *Giethoorn* sind besonders schön inmitten von so genannten »Meeren« gelegen. Während einer Sturmflut im 16. Jh. wurden die tiefer liegenden Gebiete überflutet, und so entstanden die großen Wasserflächen, die in der Tat wie Meere wirken. Man erreicht Giethoorn – ein lang gestrecktes Moordorf – über die N 334. Eine Attraktion sind die flachen Puntern (Boote), die fast lautlos durch die Kanäle ziehen. Die Straße führt von Giethoorn über Ronduite Richtung Vollenhove und Ens.

Insider Tipp

Über *Schokland (S. 36)*, eine ehemalige Insel, heute ein einziges Museum, erreicht man schließlich *Lelystad (S. 35)*. Auf der Werft werden historische Segelschiffe nachgebaut. Das seeklare Replikat des Dreimasters »Batavia« dümpelt bereits im Wasser – falls es nicht gerade auf Promotiontour ist. Am Hafen von Lelystad beginnt hinter der Schleuse der ungefähr 30 km lange Damm (N 302, *Markerwaarddijk*) Richtung Enkhuizen durchs Meer. Hörerlebnis hier: himmlische Musik aus dem *Engelenradio* auf 98,0 FM.

Eine halbe Stunde dauert die Fahrt rund um das IJsselmeer von der Kunstlandschaft Flevoland bis zurück ins historische Enkhuizen – oder vier Jahrhunderte, je nachdem, ob man die Tour zeitlich oder historisch betrachten will.

2 ZU DEN STÄDTEN DES GOLDENEN ZEITALTERS

Die geruhsame Tour führt Sie von der Hafenstadt Dordrecht zu den schönen Windmühlen von Kinderdijk, dann über Delft bis zu den stillen Grachten in Leiden. Länge: ca. 95 km, Dauer: Tagesausflug

Die Promenaden am Wasser, der alte Voorstraat- und der Wijnhaven, die malerischen Grachten und engen Gassen machen den Charme von *Dordrecht* aus, dessen Giebel vom 70 m hohen Turm der *Grote* oder *Onze Lieve Vrouwekerk* mit dem barocken Aufsatz überragt werden. Während der St.-Elisabeth-Flut im Jahr 1421 wurde die Stadt (110 000 Ew.) vom Festland abgeschnitten. Seitdem liegt sie auf einer Insel. Gleich drei Flüsse, die Oude Maas, der Rheinarm Noord und die Merwede, fließen hier vorbei. Am Zusammenfluss der Ströme, am Groothoofdspoort, dem barocken Hafentor, hat man eine herrliche Aussicht: Hier kommen alle Binnenschiffe von und nach Rotterdam vorbei. Die Stadt ist großer Binnenhafen und Wassersportzentrum. Sie zählt mehr als 800 unter Denkmalschutz stehende Gebäude. Dordrecht gehört zu den ältesten Städten der Grafschaft Holland. Sie wurde bereits im Jahre 1049 erwähnt, erhielt 1220 das Stadtrecht und 1299 das Stapelrecht für Wein, Getreide und Holz. Auch die Hanse hatte hier ein Handelshaus. Die *Liebfrauenkirche,* 108 m lang, eine der größten Basiliken des Landes, erbaut im Stil der Brabanter Gotik, besitzt als einzige

Die Fayence »Delfter Blau« ist weltbekannt

Kirche des Landes ein steinernes Gewölbe. Sehenswert das Chorgestühl im Stil der Renaissance, der Chor, die Marmorkanzel (1765) und die Glasfenster, auf denen Motive aus der niederländischen Geschichte dargestellt sind. In einem Patrizierhaus, *Nieuwe Haven 29,* ist das *Museum Mr. Simon Van Gijn* untergebracht. Hier kann man sehen, wie eine wohlhabende Bürgerfamilie im 19. Jh. lebte *(Di–Sa 11–17, So 13–17 Uhr).*

Von Dordrecht aus führt die Strecke weiter in Richtung Papendrecht, Alblasserdam nach *Kinderdijk.* Einzigartig ist die wohl meistfotografierte Mühlenlandschaft der Niederlande. Die 19 Windmaschinen, erbaut 1722 bis 1761, sind die größte Ansammlung von Poldermühlen im Land. Im Pumphaus ist ein *Museum* zum Thema Mühlen und Polder eingerichtet.

Nehmen Sie die Autofähre über die Lek nach *Krimpen a. d. Lek,* fahren Sie weiter nach *Capelle aan de IJssel,* um via E 19 in Richtung Den Haag zu fahren. Um nach Delft zu kommen, dem nächsten Ziel, verlässt man die Autobahn bei der Abfahrt Delft (nicht Delft Zuid). *Delft (S. 51)* ist die Heimatstadt des Malers Jan Vermeer. Schon von weitem ist der schiefe Turm der *Oude Kerk* sichtbar. Durch die romantische Innenstadt entlang der Grachten zu spazieren (Vorsicht, Radfahrer!) ist ein Vergnügen. Das historische Herz schlägt an der Oude Delft. In vielen der alten Häuser wohnen Studenten. Von ihnen gibt es rund 14 000 – sie studieren vor allem an der Technischen Hochschule. Im Jahre 1246 erhielt Delft die Stadtrechte, wurde 1536 durch einen Brand verwüstet und war auch Residenz der Statthalter van Oranje: Willem van Oranje residierte ab 1580 im *Prinsenhof* und wurde dort 1584 von Balthasar Gerards durch Schüsse ermordet. Im Historischen Saal (»Moordhal« genannt) sind die Kugeleinschläge hinter Glas noch zu sehen. Das städtische *Museum* widmet sich dem 80-jährigen Krieg und der Familiengeschichte der Oranier *(Di–Sa 10–17, So 13–17 Uhr).*

Von Delft aus geht es weiter über die E 19, die A 4 (Richtung Amsterdam) nach *Leiden (S. 52).* Dem bekanntesten Sohn, am 15. Juli 1606 am Weddesteg geboren, widmet die Stadt eine Wanderung: »Auf den Spuren des jungen Rembrandt«. Hinter dem Akademiegebäude an der besonders schönen *Rapenburggracht* erstreckt sich der *Botanische Garten*, 1590 angelegt. Insider Tipp Hier blühten 1594 die ersten Tulpen. Ein Spaziergang führt vorbei am *Rathaus* mit seiner hübschen Renaissancefassade, zum historischen *Vismarkt* entlang am *Nieuwe*

Rijn zum Aalmarkt mit *Stadtwaage* (1658) und weiter zum Museum *De Lakenhal.* Man beschließt den Ausflug am besten in einem der schönen Terrassencafés an den Grachten.

3 STRANDWANDERUNG VON NOORDWIJK NACH ZANDVOORT

Eine Strandwanderung entlang des Nordseestrandes ist eine gesunde Sache. Zwischen Noordwijk und Zandvoort beträgt die Strecke ungefähr 15 km. Man kann die Wanderung in eine Richtung machen und in Zandvoort den Zug in Richtung Haarlem nehmen, der halbstündlich fährt (Bus Haarlem–Noordwijk: Linie 90).

Die Wanderung beginnt am Noordwijker Strand bei Paal 81. In Zandvoort endet sie bei Paal 65. Von dort aus sind es nur noch 300 m bis zum Bahnhof. Wer direkt am Strand entlanglaufen möchte, erkundige sich lieber vorher nach den Tidenzeiten. Es läuft sich nämlich am besten, wenn der Sand gerade trocken geworden ist, also wenn die Ebbe einsetzt.

Nach etwa 6 km passieren Sie das Badzentrum *Langevelder slag* (zwischen Paal 74 und 75) mit Restaurant. Hier können Sie sich überlegen, ob Sie die Strecke durch die Dünen auf dem *Duindamseweg* wieder zurücklaufen wollen. Die Dünen sind hier bis zu 25 m hoch. Bewachsen sind sie mit Gras und kleinen Büschen. Hinter ihnen liegt das Gebiet, aus dem Amsterdam sein Trinkwasser bezieht, *Amsterdamse Waterleiding Duinen.* Dort ist der Zugang gesperrt. Gehen Sie weiter bis Zandvoort, haben Sie bis zum Paal 70 die Küste für sich allein. Zeit genug, um für eine Weile die »Seele baumeln« zu lassen.

Geruhsame Pause mit Blick aufs Wasser: Strandcafé bei Noordwijk

HOBIE

Fit an Land und auf dem Wasser

Die meisten Gäste kommen, um Wassersport zu treiben und Rad zu fahren. Im Winter lässt es sich sogar vortrefflich Eis laufen

Die Niederlande sind eine ausgesprochen sportbegeisterte Nation: Die etwa 35 000 Sportvereine haben gute 4,5 Mio. Mitglieder. Das Land bietet zahlreiche Gelegenheiten für die Ausübung unterschiedlichster Sportarten. Wassersport wird auch bei den Besuchern groß geschrieben. Mindestens ebenso polulär ist das Radfahren, das in diesem flachen Land nicht viel Anstrengung erfordert; jedenfalls, wenn der Wind aus der richtigen Richtung bläst!

EISLAUF

Im Winter, wenn die Temperatur langsam unter Null sinkt, leidet die niederländische Bevölkerung kollektiv am Eisfieber. Dann drehen sich die Gespräche hauptsächlich um die Dicke des Eises auf den Flüssen und Kanälen und die Temperaturen der kommenden Nächte. Wenn der Frost mehrere Nächte andauert, bringen die Eisanbeter ihre *noren*, wie die niederländischen Schlittschuhe heißen, zum Schleifen in die Fahrradwerkstatt. Sobald die kalte Pracht die nötige Dicke erreicht hat, gibt es kein Halten mehr: Man geht auf Eis-Tour.

Die Königsroute unter all den Touren ist die *elfstedentocht*, ein Rennen über 200 km durch elf friesische Städte. Ein Spektakel, das nur durchgeführt werden kann, wenn das Eis die gut 16 000 Läuferinnen und Läufer auch wirklich zu tragen vermag. Das letzte dieser spektakulären Rennen fand im Januar 1997 statt. *www.elfstedentocht.nl*

FALLSCHIRMSPRINGEN

Dank mäßiger Sommerwinde darf auch das Fallschirmspringen zu den besonderen Attraktionen in den Niederlanden gezählt werden. Schön ist dabei vor allem die große Rundsicht über Wasser und Land. Auf den Watteninseln Texel und Ameland, aber auch in der Provinz Zeeland, gibt es Fallschirmzentren. Die meisten sind von März bis Oktober geöffnet. Wer keine Übung im freien Fall hat und es doch versuchen möchte, dem sei ein Tandemsprung empfohlen. Ganz billig ist diese Sportart nicht: Im Paracentrum Texel gibt es einen

Segelsport ist in dem von Wasser geprägten Land angesagt

First-Jump-Kurs für 180 Euro (*vliegveld, Postweg 128, De Cocksdorp, Tel. 0222/311463, Fax 311414, www.paracentrumtexel.nl, www.parachute.nl*). Weitere Infos: *www.skydive-zeeland.nl, www.skydiverotterdam.com/nl*

FAHRRADFAHREN

Ein ausgeklügeltes, feinmaschiges Radwegnetz verbindet praktisch alle Orte miteinander. Die meisten Fremdenverkehrsbüros haben Radrouten in ihrem Gebiet ausgearbeitet und bieten diese zusammen mit genauen Karten an. *www.fietsersbond.nl, www.schaats.nl*

INLINESKATING

In vielen Badeorten, aber auch in größeren Städten, werden im Sommer unter kundiger Führung abendliche Skatetouren organisiert. Mitmachen darf nur, wer die Bremstechnik voll und ganz beherrscht! Besonders empfehlenswert ist der so genannte Insider Tipp Wednesday Night Skate, eine Tour durch Rotterdam, die im Juli und August viermal an einem Mittwochabend durchgeführt wird. Dann skaten jeweils 15 000–20 000 Menschen in einer langen, bunten Schlaufe durch die Hafenstadt (*Treffpunkt um 19.30 Uhr, Ecke Nieuwe Binneweg/Mathenesserlaan, Dauer: 2 Std., www.rotterdamrolt.nl*). Weitere Infos: *www.skatebond.nl, www.skate.pagina.nl*

SEGELN

In vielen friesischen Städtchen kann man Boote mieten und damit auf den umliegenden Seen segeln. Attraktiv sind auch Wattentörns mit den typisch niederländischen Plattbodenbooten aus der *bruine vloot*, der braunen Flotte, die wegen ihrer farbigen Segel so genannt wird. Anheuern kann man in Harlingen, Hoorn, Enkhuizen oder einem anderen Ort auf dem Festland, von wo aus die Reise auf eine oder mehrere Watteninseln führt. Wer Lust hat, macht sich an Bord nützlich und hilft beim Hissen der riesigen Segel oder stellt sich ans Ruder – falls der Kapitän das zulässt. Besonders spannend wird es, wenn die Skipper ihr Segelboot trockenfallen lassen. Dann dürfen die Passagiere über die Strickleiter aussteigen und im Schlick herumwaten. *Ca. 30 Euro pro Pers./Tag, Historische Zeilvaart Harlingen, Noorderhaven 34, Tel. 0517/41 32 42, www.zeilen.pagina.nl*

SURFEN

Windsurfen ist auf den zahlreichen Seen in Friesland, aber auch auf den Westfriesischen Inseln angesagt. Brett und Segel kann man in allen größeren Badeorten mieten. An einigen Stellen ist die Nordsee ein Paradies vor allem für Wellensurfer. Unter Insidern besonders beliebt ist der Küstenabschnitt beim Strandpavillon Timboektoe Insider Tipp in der Nähe von Wijk aan Zee, wo die Strömung gering ist und immer ein leichter Südwestwind bläst.

Kitesurfing, Drachenfliegen auf dem Wasser, liegt zurzeit besonders im Trend. Mietbretter, aber auch Lektionen (2 Std.) in Kite- und Wellensurfen gibt es im Surfzentrum *The Hot Zone (Noordpier, Velzen Noord/Wijk aan Zee, Tel. 0620/42 23 68, www.hotzone.nl)*

TAUCHEN

Zeeland ist auch ein Lieblingsziel für Sporttaucher. Interessierte können wählen, ob sie lieber in stillem Wasser, wie es z. B. das Oostvoornse und das Grevelingen-Meer bietet, tauchen möchten oder in den von den Gezeiten abhängigen Orten in der Oosterschelde und in der Nordsee. Bei Letzteren muss unbedingt auf Ebbe und Flut geachtet werden! Genaue Informationen gibt es bei den Tauchzentren vor Ort.

Zu sehen gibt es Krebse, Garnelen und Strandkrabben sowie seltene Wasserpflanzen. Der absolute Saisonhöhepunkt für Taucher in Zeeland ist die Paarung der Tintenfische in der Oosterschelde zwischen Ostern und Pfingsten.

Tauchkurse bietet beispielsweise das *Duikcentrum De Kabbelaar, Scharendijke, Tel. 0111/ 67 19 13, Fax 67 23 94, www.dekabbelaar.nl*. Informationen über Preise, Taucherlaubnis und weitere Tauchzentren finden Sie unter *www.duikportaal.nl* und *www.home.zonnet.nl*

WATTWANDERN

Ein ganz besonderes Erlebnis ist *wadlopen*, das Wattwandern z. B. vom Festland auf die Insel Ameland. Der etwa vierstündige Fußmarsch beginnt schon am frühen Morgen in Pieterburen. Ein mit Karte, Kompass und Peilstock ausgerüsteter Führer geht der Kolonne immer vor. Unterwegs macht er auf seltene Wattenvögel aufmerksam. Sie werden aber auch Krabben oder Seehunde sehen. Die ersten paar Meter watet man durch knöcheltiefen Schlick. Doch schon bald sinkt man bis über die Knie in den Morast, später gar bis zur Brust. Die sehr anstrengende Tour eignet sich nur für geübte Wanderer mit guter Kondition. Sie kann lebensgefährlich werden, wenn man sie ohne Führung unternimmt und sich mit den Gezeiten verrechnet! Eine frühzeitige Anmeldung ist empfehlenswert *(Stichting Wadloopcentrum Pieterburen, Tel. 0595/ 52 83 00, www. wadlopen.com)*.

Das Wattenmeer kann auch von anderen Orten an der Küste, z. B. Wierum, Blije, Noordpolderzijl und Uithuizen aus überquert werden. Außerdem gibt es Wattwandertouren von den Inseln Texel, Ameland und Schiermonnigkoog zum Festland.

Macht fit: Wattwanderung

BORUSSIA
BVB
09
DORTMUND

Kinderparadies Niederlande

In den Niederlanden sind Kinder gern gesehene Gäste. Entsprechend viele Kinderattraktionen werden geboten

Den Urlaub in den Niederlanden werden Ihnen Ihre Kinder ewig danken! Sie werden hier nämlich wie kleine Könige behandelt.

Dass in den unzähligen Parks Spielplätze mit unterschiedlichsten Kletter- und Spielgeräten gibt, ist selbstverständlich. Genauso wie in jüngster Zeit immer mehr Museen eine Kinderecke einrichten. In den letzten Jahren wurden viele Attraktionsparks mit Wasserrutschbahnen und Riesenrädern gebaut. Über das umfassende Angebot an Kinderattraktionen in den Niederlanden informiert *www.uitmetkinderen.nl.*

ZEELAND

Arsenaal Vlissingen **[130 B4]**
In dieser großen maritimen Abenteuerwelt schlägt das Herz des kleinen Piraten höher. Er kann auf Schatzinselsuche gehen, sich aus dem Mastkorb aufs Deck abseilen lassen oder auf einem Geisterschiff herumtollen. Auch Ebbe-und-Flut-aquarium mit 3500 l Meerwasser, in dem Haie, Rochen und der selten gewordene Meerwolf ihre Runden drehen. *Tgl. 10–19, Juni–Sept. 10 bis 20 Uhr, Eintritt 8, Kinder bis 12 Jahren 6 Euro, Arsenaalplein 1, www.arsenaal.com*

Die Strände an der Küste sind ein einziger großer Spielplatz

Miniatuur Walcheren **[130 B3]**
Unweit des Marktplatzes von Middelburg wurde die Insel Walcheren mit rund 200 Bauwerken im Maßstab 1:20 aufgebaut. *Tgl. 10–18, Juli–Sept. 9.30–19 Uhr, Eintritt 7, Kinder 5 Euro, Molenwater, www.miniatuurwalcheren.nl*

DIE GROSSEN STÄDTE IM WESTEN

Avifauna-Vogelpark **[123 D5]**
In diesem kombinierten Vogel- und Vergnügungspark leben mehr als 3000 Vögel. Tierpfleger demonstrieren täglich, welche Fähigkeiten Adler, Falken, Papagei, Uhu und Co. besitzen. Im Spielgarten befindet sich die höchste Rutschbahn der Niederlande (30 m). Insider Tipp Auf einer 75-minütigen Rundfahrt über den Braassemersee kann man sich von den Strapazen erholen. *Tgl. 9–18 Uhr, Nov.–April geschlossen, Eintritt 8,50, Kinder 7 Euro, Hoorn 65, Alphen aan de Rijn, www.avifauna.nl*

Diergaarde Blijdorp **[128 B2]**
Überdachter Tropenwald, mongolische Steppe, chinesischer Garten, asiatischer Sumpf – in dem Zoo leben die Tiere in einer ihrer Heimat nachempfundenen Umgebung. *Tgl. 9–17, So, Feiertage und Ferienzeit bis 18 Uhr, Eintritt 13,50, Kinder 10,50 Euro, van Aerssenlaan 49, Rotterdam, www.rotterdamzoo.nl*

Duinrell **[122 B5–6]**
Die Fledermausmobile, mit denen man mit einer Geschwindigkeit von 35 km/h über die Dünen fliegen kann, sind eine Hauptattraktion des Freizeitparks, die lange Wasserrutsche die andere. Begeistert sind die Kinder aber auch vom tropischen Tikibad. *Ostern–Ende Okt. tgl. 10–17, Tikibad bis 22 Uhr, Eintritt 14,50 Euro, Kinder unter 4 Jahren frei, Tikibad 10,25 Euro, Duinrell 1, Wassenaar, www.duinrell.nl*

Kids Playground **[127 E2]**
Überdachter Riesenspielgarten in Delft. Auf dem Terrain gibt es Rutschbahnen, Trampoline und einen Parcours für kleine Autos. Die Kinder können außerdem durch Tunnels robben oder auf eine Strickleiter klettern. *Tgl. Mi–So 10–19 Uhr, Eintritt 1,60, Kinder 4,40 Euro, Kleveringweg 35, www.kidsplayground.nl/delft*

Madurodam **[122 A6]**
Alle bekannten Bauwerke des Landes wie der Königliche Palast in Amsterdam oder das Parlament in Den Haag sind hier im Maßstab 1:25 nachgebaut. *Jan.–März, Sept.–Dez. 9–18, April–Juni 9–20, Juli/Aug. 9–22 Uhr, Eintritt 10, Kinder 7 Euro, George Maduroplein 1, Scheveningen, www.madurodam.nl*

Modellbaumuseum **[122 B–C5]**
Im Modellbaumuseum stehen mehr als 450 im Kleinformat nachgebaute Objekte: Eisenbahnzüge, Flugzeuge und Raumfahrtkapseln, Schiffe, Autos und Dampfmaschinen. *Di–Sa 10–17, So 12–17 Uhr, Eintritt 3,40, Kinder 2,30 Euro, Leiden, www.modelbouwmuseum.nl*

Museon **[127 E1]**
Wissenschaftliches Museum mit der Darstellung von Weltall, Erde, Natur und Umwelt. *Di–Fr 10–17, Sa–So 12–17 Uhr, Eintritt 6,30, Kinder 3 Euro, Stadhouderslaan 41, Den Haag, www.museon.nl*

Sea Life **[127 E1]**
Hunderte von Seebewohnern gibt es hier zu entdecken, von kleinen Muscheln bis hin zum Hai. *Tgl. 10–18, Juli–Aug. bis 20 Uhr, Eintritt 7,50, Kinder 5,70 Euro, Strandweg 13, Scheveningen, www.sealife.nl*

Serpo Reptilienzoo **[127 E2]**
Schon mal eine Schlange gestreichelt? In den zahlreichen Terrarien in Delft finden Sie Kröten und Krokodile – Letztere allerdings nur hinter Glas. *Mo–Sa 10–18, So 13–18 Uhr, Eintritt 5, Kinder 3 Euro, Stationsplein 8, www.serpo.nl.*

RUND UMS IJSSELMEER

De Batavier **[118 B5]**
Zwischen Alkmaar und Bergen befindet sich dieser Spielgarten mit Rutschbahn, Familienschaukel, Sandkasten und Trampolinen. Restaurant mit großer Terrasse. *Tgl. 10–18, Sept., Okt. Mi, Sa, So: 11–18 Uhr, Eintritt 4 Euro, Kinder bis zu 2 Jahren frei, Bergerweg 100, Alkmaar, www.debatavier.nl.*

Kleinholland im Madurodam: Hier fühlen sich nicht nur Kleine riesig

Zeeaquarium **[118 A5]**
Im Sammelsurium für Meeresbewohner stehen rund 40 Aquarien mit bunten, zum Teil tropischen Fischen. Außerdem gibt es drei große nachgebaute Bassins, die zeigen, wie es im Mittelmeer, in der Nordsee oder um ein Korallenriff herum aussieht. *April–Sept. tgl. 10–18, Okt.–März 11–17 Uhr, Eintritt 5,70, Kinder 3,90 Euro, van der Wijckplein 16, Bergen aan Zee, www.zeeaquarium.nl*

Insider Tipp
Planetarium Eisinga **[114 C4]**
Das älteste, noch funktionierende Planetarium der Niederlande steht in Franeker in Friesland. Der Hobbyastrologe Eise Eisinga hat es vor gut 200 Jahren eingerichtet. *Di–Sa 10–17, Mitte April–Mitte Sept. auch So, Mo 13–17 Uhr, Eintritt 2,30, Kinder 1,90 Euro, Eise Eisingastraat 3, Franeker, www.planetarium-friesland.nl*

Otterpark Aqualutra **[115 E4]**
Was Sie und Ihre Kinder schon immer über Otter wissen wollten, erfahren Sie in diesem Park in Leeuwarden. *Mai–Sept. tgl. 10–17.30, Okt.–April Sa, So 10.30–16.30 Uhr, Eintritt 5,70, Kinder 3,90 Euro, de Groene Ster 2, www.aqualutra.nl*

WESTFRIESISCHE INSELN

Centrum voor Natuur **[114 A2]**
Naturmuseum und Aquarium, viel Wissenswertes über die Nordseefauna und -flora. *April–Okt. Mo–Fr 9–17, Sa, So 14–17 Uhr, Eintritt 4, Kinder 2 Euro, Burgemeester Reedekkerstraat 11, Terschelling*

Maritiem en Jutters Museum **[112 B4]**
Lustiges und interessantes Durcheinander an unzähligem Strandgut in der Scheune des Seefahrtsmuseums. Ein weiteres Kuriosum ist eine Getreidemühle, die Strom erzeugt. Im Hauptgebäude kann man archäologische Funde aus Schiffswracks betrachten. *Di–Sa 10–17 Uhr, Eintritt 4, Kinder 2 Euro, Barentszstraat 21, Oudeschild, Texel*

Angesagt!

Was Sie wissen sollten über Trends, die Szene und Kuriositäten an der Niederländischen Küste

Bløf und de Kast

Bløf ist eine der populärsten Rockbands des Landes. Mit ihren niederländischen Texten erfreut die Truppe, die aus Zeeland kommt, Jung und Alt. Nicht nur die CDs finden reißenden Absatz, auch ihr *Bløf Boek* mit Anekdoten, Fotos und dem Text von 24 Titeln ist sehr beliebt. Reinhören lohnt

sich in die CD *Blauwe Ruis* (Blaues Rauschen), die mittlerweile in den Niederlanden Kultstatus erreicht hat *(www.blof.nl)*.
Um musikalisch mithalten zu können, sollte man aber auch *de Kast* kennen. Die Band, die schon seit 10 Jahren zusammen spielt, kommt nicht nur aus Friesland, sie singt auch in friesischer Sprache. Auf ihrem jüngsten Album *Met andere ogen* (Mit anderen Augen), das auf einem friesischen Bauernhof produziert wurde, hat sich die Band *unplugged* verewigt *(www.dekast.nl)*.

Sport und Spiel am Meer

Sobald es im Sommer warm genug ist, werden an vielen Badeorten am Strand die Netze montiert, damit die Jugend Beachvolleyball spielen kann. Während der Sommerferien gibt es fast täglich irgendwo einen Wettkampf (Infos bei den VVV-Büros). Unter Teenagern, die lieber Einzelsportarten frönen, ist Wellenreiten sehr beliebt. Besonders geschickte Jugendliche versuchen sich immer häufiger am Kitesurfen übers Wasser mit Brett und Drachen.

Strandmode aus den 70ern

Die in den 70er-Jahren so beliebten »Schiebebikinis« sind an den niederländischen Stränden wieder voll im Trend. Dazu gehört ein Pareo, ein Hüfttuch im selben Design wie der Bikini. Letztere sind übrigens weniger fürs Wasser, als vielmehr fürs Flanieren am Strand gedacht. Im Höschen ist eine Tasche fürs Handy eingenäht.

Beachclubs und Strandbars

Die besten Partys steigen natürlich direkt am Strand (Infos bei den VVV-Büros), oft beginnen sie schon am späten Nachmittag. Entlang der Küste gibt es unzählige Beachclubs oder Strandbars, wo's mit Musik und Tanz bis zum frühen Morgen abgeht. Ein heißer Tipp ist *Woodstock* am Strand von Bloemendaal.

Von Anreise bis Zoll

Hier finden Sie kurz gefasst die wichtigsten Adressen und Informationen für Ihre Reise an die Niederländische Küste

ANREISE

Auto
Das Land verfügt über ein dichtes und viel befahrenes Straßennetz. Über die deutschen Autobahnen sind die Niederlande über viele Grenzübergänge zu erreichen. Vom Westen (Köln) über die A 57 oder die A 3, aus Richtung Hamburg über die A 1 und A 30, aus Richtung Berlin über die A 2/A 30.

Bahn
Das Streckennetz der Eisenbahn und der Busse ist in Richtung Küste gut ausgebaut. Es verkehren Schnellzüge und Intercity-Züge in kurzen Abständen. Mit den IC- und EC-Zügen sind die Niederlande von allen europäischen Städten aus schnell erreichbar. Wer aus dem Süden und Westen kommt, muss meist in Köln, wer aus dem Norden oder Osten kommt oft in Osnabrück umsteigen. Fahrzeit von Köln und Osnabrück nach Amsterdam: etwa 3 Stunden. Von Berlin und München gibt es auch einen Nachtzug. Direktverbindungen auch von der Schweiz (zwei EC-Züge, ein Nachtzug) und von Wien aus mit dem »Donauwalzer«. Von Hamburg nach Den Haag zahlt man für ein Rückfahrticket ca. 137 Euro, von München aus ca. 175 Euro.

Flugzeug
Der internationale Flughafen Schiphol liegt 18 km von Amsterdam entfernt. Täglich gibt es mehrere Flugverbindungen mit allen wichtigen europäischen Städten. Ein regulärer Economy-Flug von Hamburg nach Amsterdam kostet ungefähr 300 Euro. Vom unterirdischen Bahnhof des Flughafens Schiphol aus ist jeder Ort des Landes erreichbar. Nach Den Haag, Rotterdam und Amsterdam fahren pro Stunde bis zu sechs Züge.

AUSKUNFT

Niederländisches Büro für Tourismus (NBT)
Postfach 27 05 80, 50511 Köln, Tel. 01805/34 33 22 (D), 0800/ 88 05 80 (CH/A), Fax 01805/ 43 33 20, www.niederlande.de, info@niederlande.de

Niederländisches Reservierungszentrum (NRC)
Über das Reservierungszentrum kann man Hotels nur noch per Internet buchen: *www.hotelres.nl*

Auskunft in Holland
Im Land gibt es 350 Verkehrsbüros, die VVV *(Vereinigung voor Vreemdelingenverkeer)*. Gegen Gebühr vermitteln sie Hotels und andere

Unterkünfte, Ausflüge und verkaufen Prospekte, Wander- und Straßenkarten *(Öffnungszeiten Mo–Fr 9 bis 17, Sa 10–13 Uhr, im Sommer z. T. auch am Sonntag)*.

AUTO

Auf Autobahnen sind 120 km/h, auf Schnellstraßen 100 km/h und auf Landstraßen 80 km/h erlaubt. In den Ortschaften darf man 50 km/h bzw. 30 km/h fahren. Die Einhaltung der Geschwindigkeit wird geprüft. Auf der Autobahn Utrecht–Amsterdam wird rund um die Uhr regelmäßig kontrolliert.

BAHN

Das öffentliche Verkehrsnetz ist mit Bus und Bahn gut ausgebaut. Platzreservierungen und IC-Zuschläge kennt man hier nicht. Kinder (4–11 Jahre) zahlen in Erwachsenenbegleitung nur 1,20 Euro *(railrunner)*. Oft lohnt es sich, eine Tages- *(dagkaart)* oder eine Minigruppenkarte *(meerman's kaart, bis 6 Pers.)* zu lösen (z. B. 4 Pers. 1 Tag durchs ganze Land: 70 Euro). *Auskunft Tel. 0900/92 92*

Das eigene Rad kann man im Zug mitnehmen (Wagen mit Fahrradsymbol beachten), dafür ist eine Fahrkarte *(Tageskarte 5,70 Euro)* notwendig. Die *fiets*-Karte gibt es am Fahrkartenschalter. Sept.–Juni Mo–Fr 6.30–9 und 16.30–18 Uhr ist die Mitnahme nicht erlaubt.

CAMPING

Campingplätze gibt es in hoher Zahl an der Küste, pro Tag und Person muss man 15 bis 20 Euro rechnen. Wildes Camping ist verboten, die Geldbußen sind hoch.

CHARTERBOOTE

Das niederländische Wassernetz ist rund 6000 km lang, rund 900 000 Urlauber befahren es jährlich. Eng kann es dann in den Häfen und vor den Schleusentoren werden. Beliebt sind Fahrten in Zeeland, im IJssel- und Wattenmeer. Inzwischen gibt es etwa 400 *bruine* Boote, deren Eigentümer sich in der Stiftung *Traditionelle Charterfahrten (TCN)* zusammengeschlossen haben. Enkhuizen gehört zu den großen Yacht- und Segelzentren. Es ist Heimathafen der Firma *Zeilvaart (Stationsplein 3, Tel. 0228/31 24 24, Fax 31 37 37)*, die Segelarrangements oder Überfahrten auf dem IJsselmeer anbietet. *Buchungszentrale Flevoland, Tel. 0320/28 67 68*

DIPLOMATISCHE VERTRETUNGEN

Botschaft der Bundesrepublik Deutschland
Groot Hertoginnelaan 18–20, 2517 EG Den Haag, Tel. 070/342 06 00, www.duitse-ambassade.nl

Schweizerische Botschaft
Lange Voorhout 42, 2514 EE Den Haag, Tel. 070/364 28 31, www.eda.admin.ch/denhaag

Botschaft der Republik Österreich
Van Alkemadelaan 342, 2597 AS Den Haag, Tel. 070/342 54 70, Fax 328 20 66

EINREISE

Schweizer, Deutsche und Österreicher benötigen einen Reisepass oder einen Personalausweis, um in die Niederlande einzureisen, eine Grenzkontrolle findet aber nicht mehr statt. Tiere benötigen eine Bescheinigung über Tollwutimpfung.

GRUPPENUNTERKÜNFTE

Familien, Schulklassen und Vereine haben die Möglichkeit, größere Häuser für Veranstaltungen und Ausfahrten zu mieten. Sie können unter Bauernhäusern, Bungalows in Feriendörfern und Herrenhäusern wählen. Informationen erhalten Sie unter *Tel. 0900/476 37 36, Fax 0487/59 43 89, www.groepsaccommodaties.com*

INTERNET

Das Internet ist in den Niederlanden weit verbreitet. Für touristische Auskünfte empfehlen sich *www.niederlande.de* und *www.holland.com*. Die Seite *www.koninklijkhuis.nl* bietet Informationen zum Königshaus und eine virtuelle Tour durch einige Schlösser. Auf der Seite *www.molens.nl* finden Sie (bisher nur auf Niederländisch) alles Wissenswerte zu Windmühlen, unter *www.ratgeber-niederlande.de* z. B. Reiseinfos und Buchtipps, und unter *www.nachbarland-niederlande.de* gibt es Informationen u. a. zu Land und Leuten und zu floristischen Veranstaltungen.

INTERNETCAFÉS

In vielen Orten werden Sie Internetcafés finden. Ein paar Beispiele: Surfen können Sie im Internetcafé *Demon* im Zentrum von Den Haag *(Elandstraat 48, Tel. 070/363 62 86, www.internetcafe-dh.demon.nl)* sowie im *Vinke Cyber Internetcafé* in Dordrecht *(Beverwijkerstraat 49,*

Tel. 078/649 21 11, www.stadswiel.nl). Und selbst im friesischen Städtchen Dokkum finden Sie das *Dockumerlokaeltsje (Boterstraat 7, Tel. 0519/29 21 44, www.cafedockumerlokaeltsje.nl).*

JUGENDHERBERGEN

In den Niederlanden gibt es 34 Jugendherbergen, auch Familien, Gruppen und Nichtmitglieder können dort übernachten. Auskunft und Reservierung: *NJHC, Rietbaan 6, 2908 LP Capelle aan den IJssel, Tel. 010/264 60 60, Fax 264 60 61,* oder *NJHC, P. O. Box 9191, 1006 AD Amsterdam, www.njhc.org*

KLIMA & REISEZEIT

Das Klima wird durch das Meer und den Golfstrom bestimmt: nicht zu heiße Sommer und milde Winter. In Zeeland scheint die Sonne häufiger als anderswo im Land. Die Wassertemperaturen liegen im Sommer bei 16° C, manchmal auch darüber. Mai und Juni sind die niederschlagsärmsten Monate.

LITERATUR

Jessica Durlacher: Die Tochter. Im Mittelpunkt der spannenden (Liebes-)Geschichte, die hauptsächlich in den Niederlanden spielt, stehen zwei Kinder, deren Eltern Opfer des Holocaust waren.

Tessa de Loo: Die Zwillinge. Anklage gegen deutsche Ressentiments in den Niederlanden anhand der faszinierenden Geschichte der Zwillingsschwestern Lotte und Anna, die nach dem Tod ihres Vaters getrennt voneinander aufwachsen – eine in

Wetter in Den Helder

	Jan.	Feb.	März	April	Mai	Juni	Juli	Aug.	Sept.	Okt.	Nov.	Dez.
Tagestemperaturen in °C	5	4	7	10	14	18	20	20	18	14	9	6
Nachttemperaturen in °C	1	1	2	5	9	12	14	15	13	9	5	2
Sonnenschein Std./Tag	2	3	4	6	7	7	7	6	5	3	2	1
Niederschlag Tage/Monat	13	11	9	9	7	7	10	11	11	13	14	13
Wassertemperaturen in °C	5	5	5	7	10	13	16	17	16	14	10	8

Deutschland und die andere in den Niederlanden.

Geert Mak: Wie Gott verschwand aus Jorwerd. Untergang eines Dorfes in Europa. Der Autor beschreibt anschaulich Aufstieg und Fall eines Dorfes in Friesland.

Bernd Müller: Vorbild Niederlande. Informationen über aktuelle Themen, die das Land an der Nordsee beschäftigen und ein abgerundetes Bild über die Mentalität der Niederländer bieten.

MUSEUMSJAHRKARTE (MJK)

Wer mehrere Museen besuchen will, sollte die Museumsjahreskarte *(Museumjaarkaart)* kaufen. Sie ist ein Jahr gültig und berechtigt zum kostenlosen Besuch der meisten Museen in den Niederlanden. Die Jahreskarte kostet 31,75 Euro, für Jugendliche bis 24 Jahren 13,60 Euro *(www.museumjaarkaart.nl)*. Sie ist bei VVV-Büros, beim NBT in Köln und in den Museen erhältlich. Passfoto nicht vergessen!

Die Museen, die die Museumsjahreskarte akzeptieren, sind im Text jeweils mit »MJK« gekennzeichnet.

NOTRUF

Die kostenlose Notrufnummer gilt landesweit: 112

ÖFFENTLICHE VERKEHRSMITTEL

Bus und Tram: Mit einer so genannten »Strippenkaart«, der Streifenkarte, fährt man in Straßenbahnen (Tram) und Bussen (auch über Land), die nationale Strippenkaart (5,40 und 16 Euro) ist im gesamten Land gültig. Für eine Zeitzone stempelt man zwei Coupons ab. Die Karten gibt es bei den Fahrkartenschaltern, bei Zeitschriftenhändlern oder beim Fahrer – dort aber teurer.

Treintaxi (Bahntaxi): An 111 Bahnhöfen stehen so genannte Treintaxen. Will man am Ziel das Treintaxi benutzen, muss man zusammen mit der Fahrkarte ein Ticket (3,40 Euro) für das Taxi kaufen. Sie fahren täglich ab 7 Uhr bis zum letzten Zug.

ÖFFNUNGSZEITEN

Den Geschäften steht es frei, wann sie geöffnet haben. Allgemeine Öffnungszeiten: 8.30–18 Uhr, Supermärkte oft bis 20 Uhr, am Sa bis 17 Uhr. In einigen Urlaubsorten haben Läden auch So von 12 bis 17 Uhr geöffnet.

Was kostet wie viel?

Kaffee	**1,60 Euro** für eine Tasse Kaffee
Fisch	**3 Euro** für eine Portion frittierten Fisch am Strand
Bier	**2 Euro** für ein Glas Bier
Softdrink	**1,80 Euro** für 0,2 l Mineralwasser
Benzin	**1,15 Euro** für einen Liter Super
Broodje kaas	**1,80 Euro** für ein Käsebrötchen

PARKEN

Aus den Städten wird der Autoverkehr verbannt, da den Parkproblemen anders nicht mehr beizukommen ist. Das Parken ist relativ teuer (es gibt Parkuhren und Parkautomaten, also an Münzen denken). Die Tarife schwanken zwischen 1,50 und 2,50 Euro pro Std. Je nach Stadt muss täglich zwischen 9 und 19 Uhr, in Amsterdam bis 23 Uhr bezahlt werden. Auch an den Stränden stehen Parkautomaten. Ist die Parkzeit überschritten, wird eine Radklemme *(wielklemme)* angeschraubt. In Amsterdam kostet die Entfernung der Klemme 60 bis 140 Euro.

POST

Die Post heißt in Holland PTT, die Ämter sind Mo–Fr 9–18 Uhr geöffnet, am Sa 9–12/13 Uhr. In den Bahnhöfen gibt es keine Post. Briefe und Postkarten innerhalb der EU 0,54 Euro.

TELEFON & HANDY

In den Niederlanden finden Sie (immer weniger) Münz- und (vor allem) Kartentelefone. Telefonkarten kauft man auf Bahnhöfen, auf der Post, in Souvenirläden und in vielen VVV-Büros. Landesvorwahl nach Deutschland: 0049, in die Schweiz 0041 und nach Österreich 0043. Vorwahl in die Niederlande 0031.

Natürlich wird in den Niederlanden auch häufig mobil telefoniert. Nicht weniger als fünf Handygesellschaften werben um Kunden. Dementsprechend ändern sich die Preise, wenn nicht monatlich, so doch vierteljährlich. Prepaid-Karten können Sie in Telefongeschäften kaufen, vielerorts werden Sie sie aber auch in Kiosken finden. Eine aktuelle Übersicht der Tarife finden Sie unter *www.bellen.com.*

TRINKGELD

Trinkgeld um die zehn Prozent im Restaurant ist üblich. Wichtig: Das Personal in den öffentlichen Toiletten erhält 0,25 Euro.

WETTERVORHERSAGE

Für das gesamte Küstengebiet wurde eine kostenpflichtige Servicetelefonnummer eingerichtet, die über die aktuelle Wettersituation unterrichtet *(45 Cent/Min.). Tel. 0900/97 25, www.wetternetz.de/Niederlande.html*

ZEITUNGEN & ZEITSCHRIFTEN

Noch am Erscheinungstag erhält man an Bahnhöfen oder Kiosken vor allem in den touristischen Ballungsgebieten alle großen deutschsprachigen Tageszeitungen, Wochenzeitungen und viele Illustrierte.

ZOLL

Ausgeführt werden dürfen fast alle Güter, solange sie nicht für den Handel bestimmt sind; Waren zum persönlichen Gebrauch können von EU-Bürgern innerhalb der EU zollfrei ein- und ausgeführt werden. Für Schweizer gelten allerdings weiterhin Obergrenzen, z. B. 200 Zigaretten oder 50 Zigarren oder 250 g Tabak; weiterhin 2 l alkoholische Getränke unter oder 1 l Spirituosen über 22 %, andere Waren zu Geschenkzwecken bis zu 100 CHF.

Spreek jij Nederlands?

»Sprichst du Niederländisch?« Dieser Sprachführer hilft Ihnen, die wichtigsten Wörter und Sätze auf Niederländisch zu sagen

Zur Erleichterung der Aussprache sind alle niederländischen Wörter mit einer einfachen Aussprache (in eckigen Klammern) versehen.

AUF EINEN BLICK

Ja./Nein.	Ja. [jaa]/Nee. [nee]
Vielleicht.	Misschien. [mischien]
Bitte.	*(Sie)* Alstublieft. [alstüblieft] *(du)* Alsjeblieft. [alsjeblieft]
Vielen Dank!	Dank u wel. [dank ü wel]
Gern geschehen.	Graag gedaan. [chraach chedaan]
Entschuldigung!	Neemt u mij niet kwalijk. [neemt ü mei niet kwalück]
Wie bitte?	Wat zegt u? [wat zecht ü]
Ich verstehe Sie/dich nicht.	Ik begrijp u/je niet. [ik begreip ü/je niet]
Ich spreche nur wenig …	Ik spreek alleen maar 'n beetje … [ik spreek alleen maar n beetje …]
Können Sie mir bitte helfen?	Kunt u mij alstublieft helpen? [künt ü mei alstüblieft helpen]
Ich möchte …	Ik wil …/Ik zou graag … [ik wil …/ik sau chraach …]
Wie viel kostet es?	Hoe duur is het?/Hoeveel kost het? [hu dühr is hett/hufeel kost hett]
Wie viel Uhr ist es?	Hoe laat is het? [hu laat is hett]

KENNENLERNEN

Guten Morgen!	Goedemorgen! [chujemorchen]
Guten Tag!	Dag!/Goedendag! [dach/chujedach]
Hallo! Grüß dich!	Hallo!/Dag! [halloo/dach]
Mein Name ist …	Mijn naam is … [mein naam is]
Wie ist Ihr Name, bitte?	Wat is uw naam? [wat is üw naam]
Wie heißt du?	Hoe heet je? [hu heet je]
Wie geht es Ihnen/dir?	Hoe gaat het met u/jou? [hu chaht hett mett ü/jau]

Danke, gut. Und Ihnen/dir?	Prima. En met u/jou? [primaa en mett ü/jau]
Auf Wiedersehen!	Tot ziens! [tot siens]

UNTERWEGS

Auskunft

links/rechts	links/rechts [links/rechs]
geradeaus	rechtdoor [rechdoor]
nah/weit	dichtbij/ver [dichbei/ver]
Bitte, wo ist …	Waar is … [waar is]
… der Hauptbahnhof?	… het centraal station? [het sentraalstaaschon]
… der Flughafen?	… de luchthaven?/het vliegveld? [de lüchthaafen/hett vliechvelt]
Wie weit ist das?	Hoe ver is dat? [Hu ver is dat]
Ich möchte … mieten.	Ik ben van plan … te huren. [Ik benn vann plann … te hüren]
… ein Auto …	… een auto … ['n auto]
… ein Fahrrad …	… een fiets … ['n fiets]

Panne

Ich habe eine Panne.	Ik heb pech. [ik heb pech]
Würden Sie mir bitte einen Abschleppwagen schicken?	Wilt u mij alstublieft de sleepdienst/takeldienst sturen? [wilt ü mei alstüblieft de sleepdienst/taakldienst stüren]
Wo ist hier in der Nähe eine Werkstatt?	Waar is hier in de buurt een garage? [waar is hier in de bürt en graasche]

Tankstelle

Wo ist bitte die nächste Tankstelle?	Waar is het dichtsbijzijnde pompstation? [waar is hett dichsbeiseinde pompstaaschon]
Ich möchte … Liter …	Ik wil graag … liter … [ik wil chraach … lietr]
… Normalbenzin.	… gewone benzine. [chewohne bensiene]
… Super./Diesel.	… super./diesel. [süper/diesl]

Unfall

Hilfe!	Help! [helüpp]
Achtung!	Let op!/Pas op! [lett op/pas op]
Rufen Sie bitte schnell …	Belt u direct … [belt ü dierekt]
… einen Krankenwagen.	… een ziekenwagen. [n siekewaachn]
… die Polizei.	… de politie. [de poolietsie]
… die Feuerwehr.	… de brandweer. [de branntwehr]
Es war meine/Ihre Schuld.	Het was mijn/uw schuld. [hett was mein/üw schült]

Geben Sie mir bitte Ihren Namen und Ihre Anschrift.	Geeft U mij alstublieft uw naam en uw adres. [cheeft ü mei alstüblieft üw naam en üw adress]

ESSEN/UNTERHALTUNG

Wo gibt es hier …	Waar is hier … [waar is hier …]
… ein gutes …	… een goed … [en chut]
… ein nicht zu teures …	… een niet te duur … [en niet te dühr]
… Restaurant?	… restaurant? [restoorant]
Gibt es hier eine gemütliche Kneipe?	Is er hier een gezellig kroegje? [is er hier en chesellich kruchje]
Reservieren Sie uns bitte für heute Abend einen Tisch für vier Personen.	Wilt u (voor ons) voor vanavond een tafel voor vier personen reserveren? [wilt ü (fohr ons) fohr fanaafont en taafl fohr fier persoonen reeserfeern]
Die Speisekarte, bitte!	De kaart, graag! [de kaart chraach]
Ich nehme …	Ik neem … [ik neem]
Bitte ein Glas …	Een glas …, alstublieft. [en chlas ... alstüblift]
Auf Ihr Wohl!	Proost!/Op uw gezondheid! [proost/op ü chesontheit]
Die Rechnung, bitte.	De rekening, alstublieft. [de reekening, alstüblieft]
Es stimmt so.	Zo is het in orde. [soo iset in orrde]
Wo sind bitte die Toiletten?	Waar is het toilet? [waar is hett twalett?]

EINKAUFEN

Wo finde ich …	Waar vind ik … [waar fint ik]
… eine Apotheke?	… een apotheek? [en aapooteek]
… eine Bäckerei?	… een bakkerij? [en bakkerei]
… Fotoartikel?	… fotoartikelen? [footoo-artieklen]
… ein Kaufhaus?	… een warenhuis? [en wahrenheus]
… ein Lebensmittelgeschäft?	… een kruidenier? [en kreudenier]
… einen Markt?	… een markt? [en marückt]
Haben Sie …?	Heeft u …? [heeft ü]

ÜBERNACHTUNG

Können Sie mir bitte … empfehlen?	Kunt u mij … aanbevelen? [künt ü mei … aanbefeelen]
… ein gutes Hotel …	… een goed hotel… [en chut hootel]
… eine Pension …	… een pension … [en penschon]
Haben Sie noch Zimmer frei?	Heeft u nog kamers vrij? [heeft ü noch kaamrs frei]

ein Einzelzimmer	een eenpersoonskamer [en eenpersoonskaamr]
ein Doppelzimmer	een tweepersoonskamer [en tweepersoonskaamr]
mit Dusche/Bad	met douche/bad [met dusch/batt]
für eine Nacht	voor een nacht [voor een nacht]
für eine Woche	voor een week [voor een week]
Was kostet das Zimmer mit …	Hoeveel kost logies met … [huveel kost looschies met]
… Frühstück?	… ontbijt? [onntbeit]
… Halbpension?	… halfpension? [halfpenschoon]

PRAKTISCHE INFORMATIONEN

Arzt

Können Sie mir einen guten Arzt empfehlen?	Kunt u mij een goede dokter/arts aanbevelen? [künnt ü mei en chuje doktr/arrts aanbeveelen]
Ich habe hier Schmerzen.	Ik heb hier pijn. [ik hep hier pein]
Ich habe Fieber.	Ik heb koorts. [ik hep koorts]

Post

Was kostet …	Hoeveel kost [huveel kost] …
… ein Brief …	… een brief … [en brief]
… eine Postkarte …	… een briefkaart … [en briefkaart]
… nach Deutschland?	… naar Duitsland? [naar döitslant]
Eine Briefmarke, bitte.	Een postzegel, alstublieft. [en posseechel alstüblieft]

ZAHLEN

0	nul [nül]	16	zestien [sestien]	90	negentig [neechentich]
1	één [een]	17	zeventien [seefentien]	100	honderd [hondert]
2	twee [tweh]	18	achttien [achtien]	200	tweehonderd [twehhondert]
3	drie [drie]	19	negentien [neechentien]	1000	duizend [deusent]
4	vier [vier]	20	twintig [twintich]	10000	tienduizend [tiendeusent]
5	vijf [feif]	21	één-en-twintig [een en twintich]	1/2	een half [ünn half]
6	zes [ses]	30	dertig [dertich]	1/4	een vierde, een kwart [ünn vierde, ünn kwart]
7	zeven [seefen]	40	veertig [veertich]		
8	acht [acht]	50	vijftig [feiftich]		
9	negen [neechen]	60	zestig [sestich]		
10	tien [tien]	70	zeventig [seefentich]		
11	elf [ellüff]	80	tachtig [tachtich]		
12	twaalf [twaalüff]				
13	dertien [dertien]				
14	veertien [veertien]				
15	vijftien [feiftien]				

Reiseatlas Niederländische Küste

Die Seiteneinteilung für den Reiseatlas finden Sie auf dem hinteren Umschlag dieses Reiseführers

Autobahn mit Anschlussstellen	Maarn 3	Motorway with junctions
Autobahn in Bau	Datum Date	Motorway under construction
Raststätte mit Übernachtungsmöglichkeit · Raststätte ohne Übernachtungsmöglichkeit · Tankstelle	R ® T	Road-side restaurant and hotel Road-side restaurant · Filling-station
Straße mit zwei getrennten Fahrbahnen		Dual carriage-way
Durchgangsstraße		Thoroughfare
Wichtige Hauptstraße		Important main road
Hauptstraße		Main road
Sonstige Straße		Other road
Fußweg		Footpath
Straßen in Bau		Roads under construction
Straßen in Planung		Roads projected
Straßennummern	A12 15 E40	Road numbers
Straßentunnel		Road tunnel
Autofähre		Car ferry
Schifffahrtslinie		Shipping route
Eisenbahn		Railway
Kanal		Canal
Fluss		River
Kultur		**Culture**
Malerisches Stadtbild	DELFT	Picturesque town
Eine Reise wert	★★ AMSTERDAM ★★ *Rijksmuseum Kröller-Müller*	Worth a journey
Lohnt einen Umweg	★ Kinderdijk ★ *De Efteling*	Worth a detour
Landschaft		**Landscape**
Eine Reise wert	★★ Texel ★★ *Keukenhof*	Worth a journey
Lohnt einen Umweg	★ Hoge Veluwe ★ Vaalser Berg	Worth a detour
Landschaftlich bes. schöne Strecke		Route with beautiful scenery
Kirche · Kloster		Church · Monastery
Schloss, Burg Schloss-, Burgruine		Palace, castle · Palace ruin, castle ruin
Marktplatz, Areal · Grabhügel · Tulpenfeld		Market place, area · Cairn · Tulipfield
Besonders schöner Ausblick · Museum		Important panoramic view · Museum
Campingplatz · Golfplatz		Camp site · Golf-course
Leuchtturm · Feuerschiff		Lighthouse · Lightship
Funkturm, Fernsehturm · Höhle		Radio tower, TV-tower · Cave
Höhe in Metern über und unter dem Meeresspiegel	▲20 ▲-5	Height in metres above and below sea level
Ausflüge & Touren		**Excursions & tours**

A
B
C
1
2
3
4
5
6
NOORD-
ZEE
5 km
Waddeneilanden
Vlieland
Badpavil
Posthuys
Eijerlandse Gat
Texel
De Cocksdorp
De Koog
Oosterend
De Waal
Den Burg
Oudeschild
Den Hoorn
Noorderhaaks
Marsdiep
¼h
DEN HELDER
Huisduinen
N 250
7
De Kooy
De Zandloper
Julianadorp
Breezand
Van Ewijcksluis
Amsteldiep
Wieringen
Hippolytushoef
18
N 99
Westerland
Den Oever
Oosterland
Amstelmeer
Wieringermeer
Gelderse Buurt
Anna Paulowna
Oude Veer
Groote Keeten
Callantsoog
kanaal
N 249
't Zand
Wieringerwaard
Nieuwesluis
N 240
Slootdorp
Zwanenwater
Stolpen
Middenmeer
polder
137
NOORD
118
112

D
E
F
114
1
Richel
Vlieland
Griend
Oosterbierum
Sexbierum
N 393
Pietersbierum
Wijnaldum
Midlum
19
Herbayum
Van Harinxma
Harlingen
Hitzum
Achlum
Kimswerd
Arum
Kornwerder
N 31
Pingjum
Zurich
Witmarsum
Waaksens
Zand
15
16
Kn. Zurich
Wons
Schettens
Schraard
F
Cornwerd
Lorentzsluizen
Kornwerderzand
Makkum
Bolswarder
Bolsward
17
Exmorra
Allingawier
Idsegahuizum
A 7
E22
Piaam
Breezanddijk
Parrega
Dedgum
Hieslum
Gaast
Ferwoude
Breezand
Afsluitdijk
30
N359
Sandfirden
Workum
Monument
Brandeburen
Hindeloopen
5
Koudum
Oudega
Molkwar
Morra
G
Staveren
Hemelum
Warns
Bakhuizen
Rijs
Mirns
Laaksum
6
Haven op de Oude Zeug
113
119

A
B
C
1
2
3
4
5
6
5 km
Waddeneilanden
Terschelling
Badpaviljoen
Lies
Hoorn
Oosterend
Midsland
Landerum
Baaiduinen
Brandaris
Noord-
vaarder
West-
Terschelling
Terschellinger
Wad
Waddenzee
Vliestroom
Richel
Griend
St. Jac
paroc
Firdgum
Oosterbierum
Tzumm
Sexbierum
N 393
N 384
Pietersbierum
Dongjum
Franeker
Wijnaldum
Midlum
Herbayum
Franeker
Van Harinxma-
Harlingen
Hitzum
Tzum
Achlum
Kimswerd
Arum
Lollum
Kornwerder
N 31
Pingjum
Zurich
Witmarsum
Waaksens
Zand
Zurich
Kn. Zurich
Wons
Witmarsum
Schettens
Cornwerd
Lorentzsluizen
Kornwerderzand
Schraard
F
Hichtum
Bolsward
Makkum
Bolsward
Exmorra
Idsegahuizum
Allingawier
Tjerkwerd
A 7
E22
Piaam
Wolsum
Blauwhuis
Breezanddijk
Dedgum
Westhem
Parrega
Gaast
Ferwoude
Hieslum
Afsluitdijk
30
Breezand
Sandfirden
N359
119
114
Workum

D
E
F
1
2
3
4
5
6
Ameland
Engelsmplaat
Hollum
Ballum
Nes
Buren
Friese Wad
Waddenzee
Wierum
Nes
Ternaard
N 358
Hantum
Hantumhuizen
Holwerd
N 357
Blije
Waaxens
Brantgum
Wetzens
Ferwert
Vaardeburen
Hegebeintum
Foudgum
Aalzum
Bornwird
N 356
Lichtaard
Westernijtsjerk
Marrum
Ginnum
Raard
Reitsum
Dokkum
Nieuwe Bildtdijk
Zwarte Haan
Oude Bildtzijl
Hallum
Jislum
Sybrandahuis
Wouter
Rinsumageest
Wânswert
Dokkumer Ee
Damwoude
Oude Bildtdijk
Hijum
Burdaard
N 361
St. Annaparochie
Vrouwenparochie
N 393
Finkum
Bartlehiem
Broeksterwoude
Aldtsjerk
Roodkerk
De Valom
Stiens
Staniastate
Wier
Berlikum
Britsum
Wyns
Oentsjerk
Mûnein
Veenwouden
Schierstins
Minnertsga
Beetgumermolen
Cornjum
Jelsum
Miedum
Gytsjerk
Feanwâldsterwâl
N 383
Beetgum
N 357
Lekkum
Snakkerburen
Ryptsjerk
Ried
Menaldum
Engelum
Popta Slot
Marssum
Noardburgum
Hurdegaryp
Tytsjerk
Slappeterp
Schingen
Dronrijp
21
22
LEEUWARDEN
Burgum
Bergum
Dronrijp
Deinum
N 31
35
Suwâld
Sumar
Blessum
Hempens
Goutum
Prinses
Garyp
2005
Baaium
Boxum
Warstiens
N 356
Hilaard
Jellum
Huns
Bears
Wirdum
Warten
29
Winsum
N 31
Jorwert
Wergea
Baard
Wijtgaard
Earnewâld
Weidum
Easterlittens
Eagum
N 359
28
Oudega
Oude Venen Princenhof
Lens
Mantgum
24
Reduzum
Idaerd
N 384
Sneek
Margrietkanaal
Easterwierrum
Trekvaart
Wommels
Britswert
15
Wiuwert
Friens
Wijde Ee
Itens
A32
Rien
Boazum
N 354
Raerd
Grou
Lytsewierrum
Poppenwier
14
Dearsum
Jirnsum
Pikmeer
Boornbergum
R
Y
S
L
Tersoal
Nij Beets
Tirns
Scharnegoutum
Sibrandabuorren
Bolmeer
Gauw
Goënga
Akkrum
13
Akkrum
Aldeboarn
N 392
A7
IJsbrechtum
Terherne
Tijnje
37
N 7
SNEEK
Sneekermeer
Terkaplester Poelen
Oosthem
Terkaple
27
Tijnje
Gersloot
Oppenhuizen
IJlst
E22
Goingarijp
Haskerdijken
Uitwellingerga
Akmarijp
Tjalleberd
Vegelinsoord
Luxwoude
Jutrijp
Nieuwebrug
115
121
26a
Tjalleberd
Lytshuzen
Hommerts
13
Heerenveen West
Kn. Heerenveen
Langezwaag

A
B
C
1
2
3
4
5
6
5 km
Waddeneilanden
Schiermonnikoog
Simonszand
Engelsman-
plaat
Friese Gat
Wadden
Groninger
¾ h
Pieterburen
Kleine Huisjes
Broek
Hornhuizen
Kruisweg
Molenrij
Kloosterburen
Moddergat
Nes
Nijkerk
Lioessens
Oostmahorn
Lauwersmeer
N 361
N 358
Hantum-
huizen
Niawier
Morra
Metslawier
Anjum
Ezumazijl
Vierhuizen
Ulrum
Grijssloot
Wehe-
Den Hoorn
Leens
Niekerk
Zoutkamp
Warfhuizen
Zuurdijk
Aalzum
Oostrum
Ee
Houwerzijl
Lauwerzijl
Dokkumerdiep
Engwierum
Dokkumer Nieuwe
Zijlen
Kollumerpomp
Saaksum
Wouterswoude
Munnekezijl
Warfstermolen
Oldehove
Driesum
Vaart
Westergeest
Kommerzijl
Niehove
104
Oudwoude
Kollum
Burum
Pieterzijl
N 388
Niezijl
Nieuwe
Kollumer-
zwaag
Augsbuurt
Lutjewoude
Noordhorn
Veenklooster
Visvliet
Grijpskerk
Zwaagwesteinde
Buitenpost
Gerkesklooster
kanaal
Starkenborgh-
van
Briltil
Zuidhorn
Twijzel
Westerzand
Twijzelerheide
57
Lutjegast
Oldekerk
Niekerk
Den
Stroobos
Wieren
Sebalde-
buren
Enumatil
N 355
GRO
kanaal
Augustinusga
Kootstertille
Grootegast
Oostwold
Jistrum
Surhuizum
N 388
Doezum
Bergumer-
meer
Margr. Vl.
Drogeham
34
Leek
Schuilenburg
Harkema-
Opeinde
Boerakker
Lettelbert
Sumar
Hoogzand
Surhuisterveen
Kornhorn
Midwolde
N 369
Boerakker
Eastermar
Boelens-
laan
Opende
Noordwijk
Tolbert
Nienoord
De Leijen
Houtigehage
N 358
Niebert
Leek
Rottevalle
Marum
A7
Nuis
N372
E22
Coendersborgh
Nijega
Opeinde
Marum
Frieschepalen
Drachtster-
compagnie
De Haar
Zeven-
huizen
Nieuw-
Roden
Oudega
De Wilp
DRACHTEN
Oosterwolde
Frieschepalen
Steen-
bergen
De Wilgen
Ureterp
In. De Haven
Siegerswoude
Boornbergum
Bakkeveen
Een
Korte Hemmen
Haulerwijk
Westervelde
Oud
Beets
Beetster-
N 381
Waskemeer
Beetsterzwaag
AN

121
116

D
E
F
1
2
3
4
Rottumerplaat
Rottumeroog
Boschplaat
Borkum
Ranzelgat
1h
Wad Uithuizer Wad
Eems
Eemshaven
Oudeschip
Hefswal
Roodeschool
Niekerkje
N33
Uithuizermeeden
Usquert
Oostervalge
Westernieland
Menkemaborg
Oosternieland
Uithuizen
Oldenzijl
Kolhol
17
Spijk
Doodstil
Warffum
Rottum
Zijldijk
Zandeweer
Losdorp
Bierum
Den Andel
N363
Eppenhuizen
Godlinze
Garsthuizen
't Zandt
Rasquert
Stitswerd
Kantens
Nansum
Krewerd
Baflo
Tinallinge
Ewsum
Toornwerd
Westeremden
Zeerijp
Leermens
Holwierde
Uitwierde
Middelstum
Eenum
Oosterwijtwerd
Huizinge
Loppersum
Marsum
Biesum
Jukwerd
Obergum
Onderdendam
Winsum
32
N46
Wirdum
Tjamsweer
Delfzijl
Wirdumerdraai
Ekenstein
Aduarderzijl
Westerdijkshorn
Stedum
Winnemeer
Appingedam
Garnwerd
27
Garrelsweer
Wetsinge
Sauwerd
Bedum
St. Annen
Lellens
Ten Post
Meedhuizen
Oostum
Ellerhuizen
Lutjewolde
N360
Wittewierum
Tjuchem
Ten Boer
Overschild
Noordwolde
Achter-thesinge
Woltersum
Steendam
Adorp
Thesinge
Damsterdiep
Eems-kanaal
Schildmeer
20
N361
Zuidwolde
Garmerwolde
N33
Aduard
Siddeburen
N355
Dorkwerd
GRONINGEN
Hellum
Oostwold
Ruischerbrug
Hamweg
Schildwolde
Leegkerk
Oosterhoogebrug
N387
Hoogkerk
Knooppunt Europaplein
Middelbert
Harkstede
N28
Fraeylemaborg
N46
Roodehaan
Slochteren
Westerb.
Engelbert
Noordbroek
Scharme
Knooppunt Julianaplein
A7
36
39
35
Hoogkerk
Waterhuizen
Kolham
25
N372
Eelderwolde
Essen
Winschoterdiep
Westerbroek
Achterdiep
Zuidbroek
Noordbroek
Uiterburen
Paterswoldse Meer
Foxhol
40
41
Hoogezand
Heiligelaan
Peizerdiep
Haren
Foxhol
42
Sappemeer
43
44
Zuidbroek
38
Onnen
Hoogezand
Sappemeer
Tusschenklappen
Eelde-Paterswolde
Kropswolde
Kleinemeer
Trips-compagnie
A28
Harenermolen
Zuidlaardermeer
N386
Peize
Glimmen
Vogelzang
32
Kalkwijk
Muntendam
Borgercompagnie
Roden
N386
37
Eelde
Noordlaren
Wolfsbarge
Kiel-Windeweer
Bunne
De Punt
36
Zuidlaren
De Groeve
Lieveren
IJde
Midlaren
Zuidlaren
Zuidlaarderveen
N385
Donderen
28
Laarwoud
E232
Oud Annerveen
Annerveensche Kanaal
14
Vries
Tynaarlo
35
Spijkerboor
6
Wildervank
Norg
31
Vries
Zeegse
31
N372
Eexterveen
Hunze
Zeyen
Ubbena
Annen
Bareveld

A
B
C
1
2
3
4
5
6
112
Noorderhaaks
Marsdiep
DEN HELDER
Huisduinen
5 km
N 250
7
De Kooy
Amsteldiep
Den Oosterland
Wieringen
Hippolytushoef
18
N 99
Westerland
De Zandloper
Julianadorp
Breezand
Van Ewijcksluis
Amstel-meer
Wieringermeer
Gelderse Buurt
Anna Paulowna
Oude Veer
Groote Keeten
Kanaal
N 249
N 240
Callantsoog
't Zand
Wieringerwaard
Nieuwesluis
Slootdorp
Oudesluis
NOORD
Zwanenwater
Stolpen
Middenmeer
Schagerbrug
N 248
Westfriese vaart
St. Maartenszee
St. Maartensbrug
Schagen
Kolhorn
N 242
Barsingerhorn
N 9
Noordhollands
St. Maarten
46
Petten
N 245
Haringhuizen
Lutjewinkel
Hondsbosse Zeewering
Burgervlotbrug
Burgerbrug
Stroet
N 241
Winkel
N 239
Dirkshorn
Zijdewind
't Veld
Lambertschaag
Tuitjenhorn
39
Aartswoud
Nieuwe Niedorp
Abbekerk
Krabbendam
Kalverdijk
Waarland
Camperduin
Warmenhuizen
Hoogwoud
Groet
Oudkarspel
Oude Niedorp
Gouwe
Catrijp
Opmeer
Sijbekarspel
Schoorldam
Noordscharwoude
Schoorl
Veen-huizen
N 241
Aagtdorp
Zuidscharwoude
Spanbroek
Broek op Langedijk
Wadway
Koedijk
N 245
HEERHUGOWAARD
Bergen
Obdam
Bergen aan Zee
N 9
St. Pancras
Hensbroek
HOLLAND
Wogmeer
N 242
Spierdijk
Wimmenum
Oterleek
Oudorp
Berkhout
Avenhorn
ALKMAAR
Rustenburg
Egmond aan Zee
Ursem
De Goorn
Egmond a/d Hoef
Stompetoren
Avenhorn
Grosthuizen
Rinnegom
Schermerhorn
HEILOO
Schermer
N 243
Oudendijk
Beets
Egmond-Binnen
N 224
N 203
Noordbeemster
12
33
Grootschermer
Limmen
21
Westbeemster
Kennemer Duinen
Graft
Beemster
A 9
A 7
Bakkum-Noord
Akersloot
N 244
De Rijp
Castricum aan Zee
CASTRICUM
Akersloot
Westgraftdijk
Alkmaarder-meer
Middenbeemster
Oostgraftdijk
Uitgeest
Noordhollands
Purmerend Noord
123
Krommeniedijk
118
Knollendam
Kwadijk
Marquette
Purmerend
Zuidoostbeemster
HEEMSKERK
Assumburg
Neck

D
E
F
30
Breezand
114
Gaast
Ferwoude
Workum
Afsluitdijk
Monument
15
Hindeloopen
Stevinsluizen
Gemaal Leemans
Koudum
Molkwar
Morra
Hemelu
Staveren
Warns
Bakhuizen
Laaksum
10
137
Haven op de Oude Zeug
Wieringerwerf
Kreileroord
polder
N 240
Gemaal Lely
IJSSELMEER
V-IX
Medemblik
Radboud
IV-X
Opperdoes
Twisk
Onderdijk
Andijk
Oostwoud
Wervershoof
Midwoud
Hauwert
(Oost)
Zwaagdijk
Boven-
Karspel
Benningbroek
Wognum
Lutjebroek
Enkhuizen
Urk V-IX
Westwoud
N302
Hoogkarspel
Nibbixwoud
Stede Broec
Zwaagdijk
Zwaag (West)
Blokker
Hem
Venhuizen
Schellinkhout
Oosterleek
Wijdenes
HOORN
47
N302
Hoornse Hop
Markermeer
3
4
5
6
Gemaal
119
124
LELY

Workum
Hindeloopen
Koudum
Molkwar
Hemelum
Warns
Bakhuizen
Laaksum
Mirns
Rijs
Oudemirdum
Nijemirdum
Sondel
Ruigahuizen
Wijckel
Sloten
Balk
Harich
Oudega
Elahuizen
Fluessen
Gaasterland
Friese Meren
Woudsend
Heeg
Gaastmeer
Brandeburen
Sandfirden
Oudega
Hieslum
Ferwoude
Jutrijp
Hommerts
Lytshuzen
Uitwellingerga
Langweerder Wielen
Koevordermeer
Langweer
Idskenhuizen
Noed
Doniaga
Tjerkgaast
Slotermeer
Follega
Groote Brekken
Lemmer
Rutten
Creil
Bant
Noordoost
Espel
Emmeloord
Tollebeek
Urk
Urkervaart
Nagele
Ketelbrug
Swifterbant
Ketelhaven
Swifterbaart
Flevocentrale
Dronten
Lelystad Noord
LELYSTAD
Houtribsluizen
Gemaal
Lage Vaart
Enkhuizen V-IX
E E R
5 km
114
124
120
N354
N359
N351
N 352
N302
N307
A6
E22

115
121
125
86
43
Haskerdijken
Akmarijp
Vegelinsoord
Tjalleberd
Luxwoude
Gorredijk
Jubbega
Hoornsterzwaag
Nieuwebrug
Luinjeberd
Korte-zwaag
Makkinga
Terband
Tjalleberd
Langezwaag
Jubbega-Schurega
Joure
Heerenveen West
Oudehaske
Kn. Heerenveen
De Knipe
Oudehorne
Kn. Joure
HEERENVEEN
Katlijk
Nijeberkoop
Heerenv. Centr.
Oudehaske
Haskerhorne
Rottum
Oranjewoud
Nieuwehorne
Oosterhaule
Heerenveen Zuid
Nieuweschoot
Mildam
Oldeberkoop
Elsloo
Sintjohannesga
Rotsterhaule
Tjonger
Tjongerkanaal
Boijl
St. Nicolaasga
Ter Idzard
Nijeholtpade
Nijeholtwolde
Ter Idzard
Noordwolde
Oldeholtpade
Rotstergaast
jeukemeer
Delfstrahuizen
Wolvega
De Hoeve
Oldelamer
Wolvega
Echtenerbrug
Sonnega
Vinkega
Steggerda
Oldetrijne
Munnekeburen
Wilhelminaoord
Vledder
Langelille
Nijetrijne
Peperga
Frederiksoord
Linde
De Blesse
Kuinder
Blesdijke
Nijensleek
Scherpenzeel
Oldemarkt
Schoterzijl
Willemsoord
Eesveen
Steenwijk-Noord
Slijkenburg
Ossenzijl
Paasloo
Steenwijk
Kallenkote
Kuinre
Tuk
Steenwijk
Zuidveen
Onna
Havelterberg
Blankenham
Steenwijk Zuid
Overcinge
Wetering
Nijeveense Bovenboer
Nijeveen
Luttelgeest
Kolderveense Bovenboer
Giethoornse Meer
Kolderveen
Blokzijl
Giethoorn
Havelte
Marknesse
Wanneperveen
MEPPEL
Zwolsevaart
Vollenhover-meer
Groote Leeuwte
Beulaker wijde
Kn Emmeloord
Kl. Leeuwte
Belterwijde
Ensevaart
Vollenhove
St. Jans-klooster
Meppel-Zuid
Toutenburg
De Belt-Schutsloot
Meppelerdiep
Heetveld
Kn. Lankhorst
Kraggenburg
Barsbeek
Staphorst
Zwartsluis
Ens
Zwarte Meer
Zwartewater
Genemuiden
Rouveen
Kamper Eiland
Kamperzeedijk
Grafhorst
Polder
Hasselt
Nieuwleusen
De Lutte
IJssel
Vossemeer
IJsselmuiden
Mastenbroek
KAMPEN
Oosterholt
Mastenbroek
Langenholte
Haerst
Roggebotsluis
's-Heerenbroek
ZWOLLE
Zw.-Noord
Ommen
Wilsum
Westenholte
Frankhuis
Zalk
Berkum
Kamperveen
Berkum-Veldhoek
Zw. Zuid
N 380
N 392
N 353
N 351
N 333
N 334
N 331
N 375
N 352
N 50
N 306
A 7
A 32
A 28
E 232

A
B
C
5km
Newcastle 16h
1
2
3
4
5
6
NOORD-
ZEE
Castricum aan Zee
CASTR
HEEMSKE
Wijk aan Zee
Velsen-Noord
Sluis
IJMUIDEN
Driehuis
Nationaalpark de Kennemer-duinen
Santpoort
Bloemendaal
Bloemendaal aan Zee
Circuit Zandvoort
Overveen
HAARLEM
Zandvoort
Bentveld
Aerdenhout
Amsterdamse Duinwaterleiding
Vogelenzang
De Zilk
Hillegom
Beinsdorp
Nieuw-Vennep
Keukenhof
Noordwijkerhout
Lisse
Lisserbroek
d'Ever
NOORDWIJK AAN ZEE
NOORDWIJK
Sassenheim
Teijlingen
Kaag-Dorp
Oude-Wetering
Voorhout
Kaag
Aquaduct
NieuweWetering
Kagerplassen
Roelofarendsveen
KATWIJK AAN ZEE
KATWIJK
Rijnsburg
Oud-Ade
Warmond
Rijpwetering
Katwijkse Duinen
Oud-Poelgeest
OEGSTGEEST
Valkenburg
Hoogmade
Rijksdorp
Haagse Schouw
LEIDEN
Leiderdorp
Koudekerk a/d Rijn
's-Moler
WASSENAAR
Den Deijl
Huis ter Wadding
Zoeterwoude-Dorp
Weipoort
Pier
SCHEVENINGEN
VOOR-SCHOTEN
Duivenvoorde
Zoeterwoude
Rijnland
Madurodam
Kerkehout
LEIDSCHENDAM
Huis ten Bosch
Stompwijk
Hazerswoude
Gelderswoude
ZOETERMEER
VOORBURG
Benthuizen
WADDINX
E19
A4
A44
N44
N200
N201
N206
N207
N208
N209
N11

127
122

118
123
129
Akersloot
Uitgeest
Castricum
Assumburg
Krommeniedijk
KROMMENIE
BEVERWIJK
ASSENDELFT
VELSEN-ZUID
WESTZAAN
De Rijp
Westgraftdijk
Oostgraftdijk
Middenbeemster
Middelie
Oost-Knollendam
West-Knollendam
Kwadijk
Zuidoostbeemster
Neck
Jisp
Wormer
WORMERVEER
PURMEREND
Edam
Purmerbuurt
Purmerland
Purmer
ZAANDIJK
Zaanse Schans
KOOG A/D ZAAN
Ilpendam
Monnickendam
Waterland
Broek i.W.
Den Ilp
Oostzaan
ZAANSTAD
ZAANDAM
Landsmeer
Zuiderwoude
Tuindorp Oostzaan
Zunderdorp
Ransdorp
Schellingwoude
Durgerdam
Spaarndam
Ruigoord
Spaarnwoude
Haarlemmerliede
Halfweg
Zwanenburg
Boesingheliede
OSDORP
Lijnden
Vijfhuizen
Sloten
Badhoevedorp
Haarlemmermeer-
AMSTERDAM
Diemen
Duivendrecht
Muiden
BIJLMERMEER
Weesp
AMSTELVEEN
Schiphol
Ouderkerk
Bovenkerk
Rozenburg
AALSMEER
Amstelland
Abcoude
Aalsmeerderbrug
Rijsenhout
Vrouwentroost
Westeinder Plas
Uithoorn
Baambrugge
Nigtevecht
Nederhorst den Berg
's-Grave
Burgerveer
Kudelstaart
De Kwakel
Loenersloot
Vreeland
Leimuiden
Vrouwenakker
Waverveen
Bilderdam
Oude Wetering
Rijnsaterwoude
Nieuwveen
Mijdrecht
De Hoef
Vinkeveen
Loenen
Langeraar
Zevenhoven
Wilnis
Nieuwersluis
Papenveer
Nieuwer Ter Aa
Ter Aar
Noorden
Portengensebrug
Breukelen
Nijenrode
Korteraar
Woerdense Verlaat
Nieuwkoop
Aarlanderveen
Kockengen
Maarssen
ALPHEN A/D RIJN
Kanis
De Haar
Haarzuilens
Zegveld
Kamerik
Vleuten
Meije
Zwammerdam
UTRECHT
WOERDEN
Harmelen
De Meern
Bodegraven
Boskoop
Barwoutswaarder
Nieuwerbrug
Linschoten
Oud-Reeuwijk
Waarder

Markermeer
119
5 km
A
B
C
LELYSTAD
Houtribsluizen
Gemaal Wortman
Lelystadhaven
Noordersluis
Edam
Volendam
Kerkbuurt
Marken
Havenbuurt
Gouwzee
FLEVO
Oostvaardersplassen
Oostvaardersdijk
Uitdam
Pampushaven
Gemaal
De Blocq van Kuffeler
Almere-Buiten
Almere Buiten-Oost
Almere Buiten-West
Zuidelijk Flevoland
Almere-Stad
Almere Stad
Almere-Hout
Almere Haven
Almere Stad-West
Almere-Haven
Pampus
Muiderslot
Muiderzand
Muiderberg
Gooimeer
Waterlandseweg
Naarden-West
Gooimeer
Weesp
Naarden
Bussum
HUIZEN
Blaricum
Eemmeer
Huizen
Ankeveen
Laren
Eemnes
Eemdijk
Spakenburg
Bunschoten
Nijkerk
Schaep en Burgh
Boekestein
's-Graveland
HILVERSUM
Trompenburg
Kortenhoef
Het Gooi
Soest
Groeneveld
Baarn
Eembrugge
Bunschoten
Holk
Oud-Loosdrecht
Nieuw-Loosdrecht
Hilversum
Soestdijk Paleis
Drakensteyn
Amersfoort-Noord
Hoog-landerveen
Hoevelaken
Knooppunt Hoevelaken
Sijpestein
Breukeleveen
Hollandsche Rading
Lage Vuursche
Soestdijk
Hoogland
Gelderse Vallei
Tienhoven
Oud-Maarsseveen
Westbroek
SOEST
Maartensdijk
Soestduinen
Amersfoort
Stoutenburg
AMERSFOORT
Maarssen
Achttienhoven
Den Dolder
Bilthoven
Soesterberg
Leusden
Leusden-Zuid
LEUSDEN
Oud-Zuilen
Groenekan
Maarn
Oud-Leusden
UTRECHT
Bosch en Duin
De Bilt
Huis ter Heide
Soesterberg
Leusder-heide
Den Dolder
ZEIST
Pyramide
Geerestein
Woudenberg
De Uithof
Rijnsweerd
Nieuwegein
Austerlitz
Bunnik
Maarn
Maarsbergen
129
124
Odijk
A6
A27
A1
A28
A12
E231
E30
E35
E25
N201
N221
N234
N237
N238
N224
N227
N226
N230
N199
N27
N301
N302
N307

121
125
KAMPEN
Kampen
Dronten
Roggebotsluis
Lelystad Noord
Lage Vaart
Oostelijk Flevoland
N307
N306
N305
N309
Dronter meer
Lelystad
N 302
LAND
Biddinghuizen
Flevohof
Hoge Vaart
Elburg
Oosterwolde
Oldebroek
Oostendorp
Zwaluwenburg
't Harde
Doornspijk
Woldberg
Veluwemeer
Hooge Bijssel
Nunspeet
Epe
Hoophuizen
Hulshorst
Essenburg
Elspeet
Gemaal Lovink
Hierden
Frankrijk
HARDERWIJK
Zeewolde
Lelystad
Ermelo
Tonsel
Hulshorster Zand
Leuvenumse Bos
Vierhouten
Gortel
Strand Horst
Horst
E232
Ermelo
Leuvenum
Staverden
Elspeet
Vierhouterbos
Niersen
Vreebos
Vanenburg
Strand Nulde
Nulde
Speuld
Drie
N 302
Uddel
Putten
Speulderbos
Uddelermeer
Paleis Het Loo
Oldenaller
N303
Salentein
Nijkerk
Garderen
Boeschoten
Nieuw-Milligen
Hoog-Soeren
Driedorp
N344
Oud-Milligen
APELDOORN
N 301
Stroese zand
E30
Assel
Voorthuizen
Kootwijk
Hoog Buurlo
Stroe
Hoenderloo
Terschuur
Radio Kootwijk
Ugchelse Bos
Kootwijker Zand
Barneveld
A1
Voorthuizen
Kootwijkerbroek
Beekbergen
Hasselaar
Schaffelaar
Loobosch
Harskampse Zand
N304
Essen
BARNEVELD
Harskamp
Achterveld
Barneveld-Zuid
Valk
Hoenderloo
St. Hubertus
Glindhorst
Wekerom
Hoge Veluwe
Meulunteren
Otterlo
NATIONAAL PARK
A30
Lunteren
Rijksmuseum Kröller-Müller
Deelerwoud
Renswoude
N224
Flierst
Lunteren
Planken-Wambuis
DE HOGE VELUWE
Doesburg
Deelen
EDE
Ederveen
Wambuis
N310

A
B
C
1
2
3
4
5
6
5 km
Kingston upon Hull 14h
Harwich 4h
N O O R D -
Z E E
MAASVLAKTE
N15
21
Oostvoorne
Oostvo
V o
Rockanje
Haringvlietdam
H i n d e r
Havenhoofd
G o e r e e
Goedereede
West Nieuwland
Ouddorp
20
Stellendam
Oudeland
Springers Diep
25
N57
Oosterzand
Brouwersdam
Brouwershavense Gat
Melissant
Scharendijke
Den Osse
Moermond
Renesse
Ellemeet
Loopers-kapelle
Brouwershaven
Noordwelle
Elkerzee
Grevelingen
23
Zonnemaire
Nieuw Haamstede
S c h o u w e n
Herkingen
Serooskerke
Haamstede
Moriaanshoofd
Noordgouwe
33
Burgh-Haamstede
Kerkwerve
Dreischor
Westenschouwen
12
Schuddebeurs
Sirjansland
Burghsluis
Hammen
16
18
Nieuwerkerk
Zierikzee
Oosterland
Zijpe
Oosterscheldedam
VI-X
N59
D u i v e l a n d
Mastgat
Ouwerkerk
Vianen
N57
256
130
126
Vuil

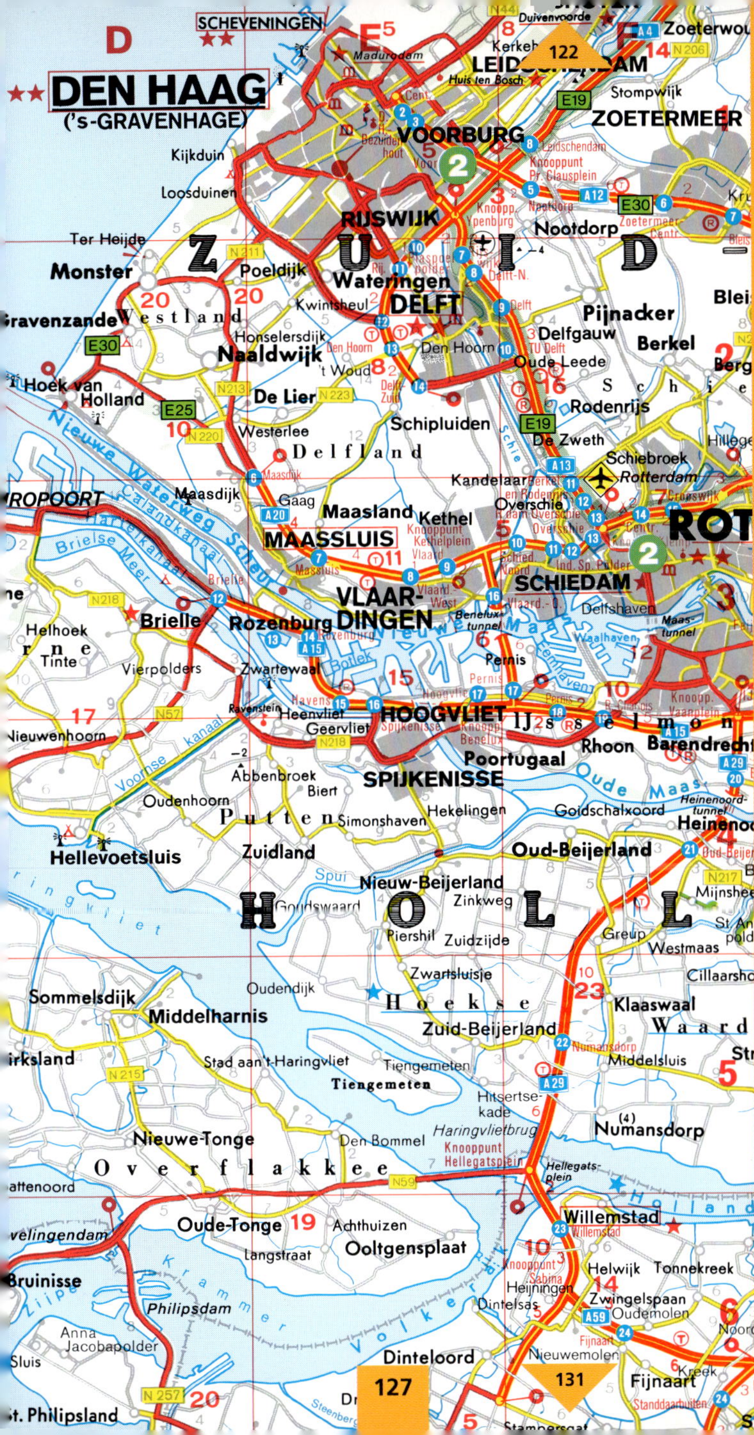

DEN HAAG
('s-GRAVENHAGE)
SCHEVENINGEN
Kijkduin
Loosduinen
Madurodam
Huis ten Bosch
LEIDSCHENDAM
Duivenvoorde
Zoeterwou
Stompwijk
ZOETERMEER
VOORBURG
Bezuidenhout
Knooppunt Prinses Clausplein
Knooppunt Ypenburg
Nootdorp
RIJSWIJK
Ter Heijde
Monster
Poeldijk
Wateringen
Kwintsheul
DELFT
Gravenzande
Westland
Honselersdijk
Naaldwijk
Den Hoorn
't Woud
Pijnacker
Delfgauw
Berkel
Oude Leede
Rodenrijs
Hoek van Holland
De Lier
Westerlee
Schipluiden
De Zweth
Schiebroek
Rotterdam
Delfland
Maasdijk
Gaag
Kandelaar
Overschie
Maasland
Kethel
Knooppunt Kethelplein
MAASSLUIS
Vlaardingen
SCHIEDAM
VLAARDINGEN
Rozenburg
Brielle
Helhoek
Tinte
Vierpolders
Zwartewaal
Beneluxtunnel
Pernis
Delfshaven
Maastunnel
Waalhaven
Eemhaven
Nieuwe Waterweg
Calandkanaal
Hartelkanaal
Brielse Meer
Nieuwe Maas
Scheur
Botlek
Heenvliet
Ravenstein
Geervliet
HOOGVLIET
Rhoon
Barendrecht
IJsselmonde
Poortugaal
SPIJKENISSE
Abbenbroek
Biert
Oudenhoorn
Nieuwenhoorn
Voornse kanaal
Hellevoetsluis
Putten
Simonshaven
Hekelingen
Goidschalxoord
Heinenoordtunnel
Heinenoord
Oude Maas
Zuidland
Oud-Beijerland
Spui
Nieuw-Beijerland
Zinkweg
Goudswaard
Piershil
Zuidzijde
Greup
Westmaas
Mijnsheerenland
Cillaarshoek
HOLLAND
ZUID
Haringvliet
Oudendijk
Zwartsluisje
Hoeksewaard
Sommelsdijk
Middelharnis
Klaaswaal
Zuid-Beijerland
Numansdorp
Middelsluis
Stad aan 't Haringvliet
Tiengemeten
Hitsertse-kade
Haringvlietbrug
Knooppunt Hellegatsplein
Hellegatsplein
Nieuwe-Tonge
Den Bommel
Overflakkee
Oude-Tonge
Achthuizen
Ooltgensplaat
Willemstad
Hollands Diep
Helwijk
Tonnekreek
Knooppunt Sabina
Heijningen
Zwingelspaan
Oudemolen
Dintelsas
Bruinisse
Philipsdam
Krammer
Volkerak
Anna Jacobapolder
Sluis
St. Philipsland
Dinteloord
Nieuwemolen
Fijnaart
Kreek
Standdaarbuiten
Stampersgat
E19
E30
E25
A4
A12
A13
A15
A20
A29
A59
N44
N206
N211
N213
N218
N220
N223
N57
N215
N217
N257
N59
Europoort

122
127
131

122
128
Duivenvoorde
Zoeterwoude
Rijnland
Leidschendam
Huis ten Bosch
Stompwijk
ZOETERMEER
Hazerswoude
Gelderswoude
Bodegraven
De Loete
Boskoop
VOORBURG
Benthuizen
Oud-Reeuwijk
WADDINXVEEN
Reeuwijk-Dorp
Knooppunt Pr. Clausplein
Kruisweg
Nootdorp
Moerkapelle
Zuidplas
Gouwe Aquaduct
Gouda
DELFT
Delft-N.
Bleiswijk
Pijnacker
Zevenhuizen
Delfgauw
Berkel
Rotte Meren
Polder
Den Hoorn
Oude Leede
Bergschenhoek
Moordrecht
Gouderak
Schieland
Achterbroek
Rodenrijs
Nieuwerkerk a/d IJssel
Schipluiden
De Zweth
Hillegersberg
Terbregge
Krimpenerwaard
Schiebroek
Kandelaar
Rotterdam
Overschie
Pr. Alexander
's-Gravenweg
Ouderkerk a/d IJssel
Berkenwoude
Kethel
Knooppunt Kethelplein
ROTTERDAM
CAPELLE A/D IJSSEL
Krimpen a/d IJssel
SCHIEDAM
Delfshaven
Maastunnel
IJsselmonde
Krimpen a/d Lek
Lekkerkerk
Beneluxtunnel
Waalhaven
Opperduit
Pernis
Bolnes
Slikkerveer
Nieuw-Lekkerland
RIDDERKERK
Kinderdijk
Alblasserdam
HOOGVLIET
IJsselmonde
Knoopp. Vaanplein
Rhoon
Barendrecht
Oud-Alblas
Oostendam
Poortugaal
Rijsoord
Hendrik-Ido-Ambacht
SPIJKENISSE
Oude Maas
Heerjansdam
Hekelingen
Goidschalxoord
Heinenoordtunnel
Heinenoord
Kleine Lindt
ZWIJNDRECHT
PAPENDRECHT
Hr.Oudelds. Ambacht
Oud-Beijerland
Blaaksedijk
Groote Lindt
DORDRECHT
Zinkweg
Mijnsheerenland
Puttershoek
Piershil
Zuidzijde
Greup
St. Antoniepolder
Wieldrecht
Dubbeldam
Westmaas
Maasdam
Zwartsluisje
Cillaarshoek
's-Gravendeel
Eiland van Dordrecht
Hoeksewaard
Klaaswaal
Tweede Tol
Mookhoek
Zuid-Beijerland
Middelsluis
Strijen
Schenkeldijk
Dordtsche Kil
Hitsertse-kade
Haringvlietbrug
Numansdorp
Willemsdorp
Strijensas
Moerdijkbrug
Knooppunt Hellegatsplein
Moerdijk
Lage-Zwaluwe
Knooppunt Klaverpolder
Hollands Diep
Willemstad
Noordschans
Heikant
Helwijk
Tonnekreek
Kalishoek
Zevenbergschen Hoek
Heijningen
Zwingelspaan
Oudemolen
Klundert
Wagenberg
Dintelsas
Langeweg
Noordhoek
Dinteloord
Nieuwemolen
Zevenbergen
Fijnaart
Kreek
Standdaarbuiten
Stampersgat

UTRECHT
123
Vleuten
Zegveld
Kamerik
Meije
WOERDEN
Oude Rijn
Harmelen
De Meern
N 198
E25
E30
A12
Barwouts-waarder
Nieuwerbrug
Linschoten
Waarder
Driebruggen
Papekop
Snelre-waard
Heeswijk
Montfoort
Hollandse IJssel
Knooppunt Oudenrijn
Nieuwegein (Jutphaas)
Heemstede
Rijnhuizen
Houten
Oukoop
Hogebrug
Oudewater
Hekendorp
Willeskop
IJsselstein
N 204
N 210
N 228
Benschop
Oude Gein
Nieuwegein (Vreeswijk)
Tull en 't Waal
Vianen
Hagestein
Haastrecht
Hoenkoop
Lopiker-waard
Polsbroekerdam
Lopikerkapel
Uitweg
Lopik
Knoopp. Everdingen
Everdingen
Lek
Vlist
Stolwijk
Polsbroek
Jaarsveld
Lexmond
N207
Bonrepas
Cabauw
Tienhoven
Sluis
Ameide
A 27
120
Schoonhoven
N210
Bergambacht
Langerak
Hei-en Boeicop
Zijderveld
Gelkenes
Nieuwpoort
Ammerstol
Groot-Ammers
Graafland
Merwede-kanaal
Meerkerk
Schoonrewoerd
A2
Hoogeind
Leerbroek
Goudriaan
E311
Noordeloos
Leerdam
Nieuwland
N 227
Beesd
Brandwijk
Ottoland
Bazeldijk
Asperen
Rhenoy
N216
Hoornaar
Gijbeland
Oosterwijk
Acquoy
Gellicum
Alblasserwaard
Hoog Blokland
Heukelum
Molenaarsgraaf
Bleskensgraaf
Giessen-burg
Neder Slingeland
Arkel
Knooppunt Gorinchem
Kedichem
Wijngaarden
N214
Giessen-Oudekerk
Schelluinen
Spijk
Leerdam
Hardinxveld-Giessendam
Boven-Hardinxveld
GORINCHEM
Vuren
Hellouw
A 15
E31
Dalem
Herwijnen
Loevestein
Waal
Brakel
Sleeuwijk
Merwede
Woudrichem
Werkendam
Oudendijk
Rijswijk
N322
Zuilichem
Gameren
Land van Altena
Bommelerwaard
Giessen
Poederoijen
Kille
Uitwijk
Aalst
Almkerk
Andel
Maas
Nederhemert (Noord)
Waardhuizen
N 267
Veen
Nieuwendijk
Biesbosch
A27
Wijken
Aalburg
Vierbannen
Babyloniënbroek
Neder-hemert (Zuid)
Bakkerskil
Genderen
Heusden
Eethen
Hank
Dussen
Meeuwen
Heesbeen
Herpt
Drongelen
Oud-Heusden
Bergse Maas
Doeveren
Geertruidenberg
Drimmelen
Elshout
Veer Dussen
WAALWIJK
Drunen West
Waspik
Raamsdonksveer
Raamsdonk
Capelle
Waalwijk-Centrum
Made
Drunen
E311
's-Gravenmoer
Sprang-Capelle
Kaatsheuvel
Afwateringskanaal
Den Hout
Terheijden
Oosteind
Giersbergen
Vaart
De Efteling
5 km
OOSTERHOUT
Oosterhout-Oost
Oosterhout-Zuid
Loon op Zand
Biezenmortel
129
De Moer
A 261
Udenhout
Teteringen

A
B
C
1
2
3
4
5
6
5 km
NOORD-
ZEE
Renesse
Noordwelle
Nieuw Haamstede
Haamstede
Burgh-Haamstede
Westenschouwen
Burghsluis
18
Oosterscheldedam
N 57
Roompot
Wissenkerke
N 255
Nd.-Bev
Kamperland
Duinbeek
Vrouwenpolder
Westhove
Domburg
Oostkapelle
N 287
Veere
Gapinge
Aagtekerke
Serooskerke
Walcheren
Westkapelle
Grijpskerke
Mariekerke
N 57
Sint Laurens
21
Zanddijk
Veerse Meer
Oud-Sabbinge
Meliskerke
N 288
Buttinge
Kleverskerke
Arnemuiden
Kanaal door Walcheren
MIDDELBURG
E312
A58
Zoutelande
Biggekerke
Ter Hooge
26
Nieuwland
Heinkenszand
Koudekerke
Groot-Abeele
N 254
Nieuwdorp
Deurloo
West Souburg
Oost Souburg
VLISSINGEN
Ritthem
Zd.-B
's-Heer
Borssele
Wielingen
Breskens
Honte
Cadzand Bad
Boerenhol
Nummer Een
Nieuwvliet
Groede
Kruisdijk
Hoofdplaat
Sasput
Cadzand
N 58
Schoondijke
13
Pas
Retranchement
Tragel
Zuidzande
18
19
Driewegen
Boerengat
Terhofstede
Oostburg
Biervliet
Braakman
N 61
Turkeye
St. Anna-ter Muiden
IJzendijke
Sluis
N 58
Waterlandkerkje
Hoek
16
9
Draaibrug
Waterland-Oudeman
Aardenburg
St. Kruis
St. Margriete
Maagd van Gent
Philippine
Watervliet
BELGIË
Heille
12
N 251
Hondseinde
St. Jan in Eremo
Boekhoute
Zandstr
Middelburg
Biezen
N 456
Doorntje
Eede
35
Kerselaar
Rijken
46
Strooibrug
St. Lau
Assenede
Staak

D
E
F
127
Ellemeet
dijke
Loopers-kapelle
Brouwershaven
Elkerzee
Zonnemaire
Herkingen
Nieuwe-Tong
Battenoord
Serooskerke
Moriaanshoofd
Noordgouwe
Kerkwerve
Dreischor
Grevelingendam
Oude-T
Schuddebeurs
Sirjansland
Bruinisse
Hammen
Nieuwerkerk
Oosterland
Philipsdam
Zierikzee
Zijpe
Anna Jacobapolder
VI-X
Duiveland
Sluis
Zeelandbrug
N 257
Vuilbaard
Ouwerkerk
Vianen
St. Philipsland
N 256
Keeten
Mastgat
Rijkebuurt
St. Annaland
Colijnsplaat
Heer
Nieuw
Stavenisse
N 286
Oud-Vossemeer
Kats
Tholen
Kortgene
St. Maartensdijk
Scherpenisse
Poortvliet
Katse Veer
Wilhelminadorp
Gorishoek
Oosterschelde
Strijenham
Wemeldinge
Kattendijke
's-Heer-Hendrikskinderen
Goes
A 256
Kloetinge
's-Heer-Arendskerke
Goes-Zuid
Kapelle
Yerseke
N 289
Knooppunt de Poel
Biezelinge
Baarsdorp
Kanaal door Zuid-Beveland
's-Gravenpolder
's-Heer-Abtskerke
Vlake
Sinoutskerke
Kapelle
Yerseke
Nisse
's-Gravenpolder
Schore
Kruiningen
Oostdijk
Middelgat
Hansweert
Kwadendamme
Langeweg
Kruiningen
Krabbendijke
Ovezande
Rilland
N 289
Hoedekenskerke
A58
Rilland
Waarde
Oudelande
Baarland
Perkpolder
Bath
Ellewoutsdijk
Ossenisse
Westerschelde
Zeedorp
Walsoorden
Terneuzen
Groenendijk
Kloosterzande
Paal
Hengstdijk
Lamswaarde
Terneuzen
Othene
Kuitaart
Graauw
Reuzenhoek
N 60
Boschkapelle
Stoppeldijk
Schelfhoutshoek
Driewegen
Ter Hole
Zandberg
Zaamslag
Zaamslag veer
N 61
Nieuw-Namen
Saftingen
Spui
Magrette
Schuddebeurs
Schapenbout
Hulst
Kieldrecht
Sluiskil
Axelse Sassing
Clinge
(20)
Meerdonk
N 252
N 253
Axel
N 258
Absdale
St. Jansteen
Verrebroek
Waaslandhaven
Drieschouwen
Heikant
De Klinge
Zuiddorpe
Nieuwemolen
Het Kalf
E34
Westdorpe
Oudemolen
131

In diesem Register sind alle in diesem Führer erwähnten Orte und wichtige Stichworte verzeichnet. Halbfette Seitenzahlen verweisen auf den Haupteintrag, kursive auf ein Foto.

Schreiben Sie uns!

Liebe Leserin, lieber Leser,

wir setzen alles daran, Ihnen möglichst aktuelle Informationen mit auf die Reise zu geben. Dennoch schleichen sich manchmal Fehler ein – trotz gründlicher Recherche unserer Autoren/innen. Sie haben sicherlich Verständnis, dass der Verlag dafür keine Haftung übernehmen kann. Wir freuen uns aber, wenn Sie uns schreiben.

Senden Sie Ihre Post an die Marco Polo Redaktion,
Mairs Geographischer Verlag, Postfach 31 51, 73751 Ostfildern,
marcopolo@mairs.de

Impressum

Titelbild: Bergen aan Zee (Look: Wohner)
Fotos: Amberg: Birkmann (93); R. Hackenberg (56, 63); HB-Verlag: Kluyver (U l., 17, 22, 26, 28, 31, 35, 39, 60, 61, 68, 71, 72, 73, 75, 79, 86, 97); R. E. Jung (80); U. F. Kluyver (2 o., 2 u., 5 l., 5 r., 24, 25, 32, 55, 66, 84, 88); I. Knigge (67); laif: Huber (45, 90), Kristensen (U r., 4, 11, 18, 20, 47, 48); Look: Wohner (U m., 1, 6, 7, 9, 12, 38, 40, 50, 94, 98, 109); Mauritius: Vidler (52); Silvestris: Stadler (14); T. Stankiewicz (89)

4., aktualisierte Auflage 2003 © Mairs Geographischer Verlag, Ostfildern
Herausgeber: Ferdinand Ranft, Chefredakteurin: Marion Zorn
Redakteurin: Andrea Sach, Bildredakteurin: Gabriele Forst
Kartografie Reiseatlas: © Mairs Geographischer Verlag/Falk Verlag, Ostfildern
Gestaltung: red.sign, Stuttgart
Sprachführer: in Zusammenarbeit mit dem Ernst Klett Verlag GmbH, Stuttgart, PONS Wörterbücher

Printed in Germany. Gedruckt auf 100% chlorfrei gebleichtem Papier

Bloß nicht!

Ein paar Tipps und Anregungen, damit Sie im Umgang mit den Niederländern nicht anecken

Dünen beschädigen

Die Dünen bilden eine natürliche Schutzzone gegen die See. Das Betreten der Dünen ist abseits der Wege streng verboten. Zahlreiche Naturgebiete sind abgesperrt und nicht zugänglich. Klettern Sie nicht über Zäune, und beachten Sie die Hinweisschilder!

Vögel füttern

Eine große Unsitte ist es, Möwen oder Tauben zu füttern. Beide Vogelarten sorgen für massive Probleme, man sollte nicht noch durch Füttern zu ihrer Vermehrung beitragen. Außerdem finden die Vögel auch ohne Ihre »Spende« genügend Nahrung.

Rasen mit dem Auto

Die Polizei in den Niederlanden hat ein bestimmtes Soll an Strafzetteln, die sie verteilen muss, zu erfüllen. Die Geschwindigkeitsbegrenzungen werden schon deshalb streng kontrolliert. Die recht hohen Bußgelder werden sofort eingezogen. Lassen Sie sich von einheimischen Autofahrern nicht provozieren, auch wenn diese Sie schneiden und überholen.

Erster Kontakt auf Deutsch

Nicht jeder Niederländer spricht Deutsch, vor allem unter den jungen Leuten ist Deutsch keine favorisierte Fremdsprache. Niederländer empfinden es als überheblich, wenn sie in Restaurants, auf der Straße oder im Geschäft auf Deutsch angesprochen werden. Machen Sie sich zunächst mit Englisch verständlich. Es hilft auch, vor der Reise einige alltägliche Wörter und kleine Sätze Niederländisch zu lernen. Man wird es Ihnen anrechnen. Schauen Sie in unseren Sprachführer!

Strandburgen bauen

Ein beliebtes Thema für niederländische Karikaturisten sind all jene dickleibigen Touristen, die am Strand ihr Territorium abstecken und Sandburgen graben. Das Bauen von Strandburgen, an der deutschen Ost- und Nordseeküste noch immer üblich, ist an der Niederländischen Küste verpönt. Halten Sie sich damit also besser zurück.

Falsch parken

Parkplatzknappheit herrscht in praktisch allen Küstenorten und in den Zentren der Städte. Wenn Sie einen freien Platz gefunden haben, vergewissern Sie sich, dass Sie nicht doch aus Versehen im Parkverbot stehen. Die Bußgelder sind hoch, oft genug wird abgeschleppt. Planen Sie einen Ausflug nach Amsterdam, nehmen Sie am besten die Bahn, auch am Wochenende herrscht dort lebhafter Verkehr, und es kommt immer wieder zu Staus.